„BÜCHER SIND WIE FALLSCHIRME. SIE NÜTZEN UNS NICHTS, WENN WIR SIE NICHT ÖFFNEN."

Gröls Verlag

Redaktionelle Hinweise und Impressum

Das vorliegende Werk wurde zugunsten der Authentizität sehr zurückhaltend bearbeitet. So wurden etwa ursprüngliche Rechtschreibfehler *nicht* systematisch behoben, denn kleine Unvollkommenheiten machen das Buch – wie im Übrigen den Menschen – erst authentisch. Mitunter wurden jedoch zum Beispiel Absätze behutsam neu getrennt, um den Lesefluss zu erleichtern.

Um die Texte zu rekonstruieren, werden antiquarische Bücher von Lesegeräten gescannt und dann durch eine Software lesbar gemacht. Der so entstandene Text wird von Menschen gegengelesen und korrigiert – hierbei treten auch Fehler auf. Wenn Sie ebenfalls antiquarische Texte einreichen möchten, finden Sie weitere Informationen auf www.groels.de

Viel Freude bei der Lektüre wünscht Ihnen das Team des Gröls-Verlags.

Adressen

Verleger: Sophia Gröls, Im Borngrund 26, 61440 Oberursel

Externer Dienstleister für Distribution & Herstellung: BoD, In de Tarpen 42, 22848 Norderstedt

Unsere „Edition | Werke der Weltliteratur“ hat den Anspruch, eine der größten und vollständigsten Sammlungen klassischer Literatur in deutscher Sprache zu sein. Nach und nach versammeln wir hier nicht nur die „üblichen Verdächtigen“ von Goethe bis Schiller, sondern auch Kleinode der vergangenen Jahrhunderte, die – zu Unrecht – drohen, in Vergessenheit zu geraten. Wir kultivieren und kuratieren damit einen der wertvollsten Bereiche der abendländischen Kultur. Kleine Auswahl:

Francis Bacon • Neues Organon • **Balzac** • Glanz und Elend der Kurtisanen • **Joachim H. Campe** • Robinson der Jüngere • **Dante Alighieri** • Die Göttliche Komödie • **Daniel Defoe** • Robinson Crusoe • **Charles Dickens** • Oliver Twist • **Denis Diderot** • Jacques der Fatalist • **Fjodor Dostojewski** • Schuld und Sühne • **Arthur Conan Doyle** • Der Hund von Baskerville • **Marie von Ebner-Eschenbach** • Das Gemeindekind • **Elisabeth von Österreich** • Das Poetische Tagebuch • **Friedrich Engels** • Die Lage der arbeitenden Klasse • **Ludwig Feuerbach** • Das Wesen des Christentums • **Johann G. Fichte** • Reden an die deutsche Nation • **Fitzgerald** • Zärtlich ist die Nacht • **Flaubert** • Madame Bovary • **Gorch Fock** • Seefahrt ist not! • **Theodor Fontane** • Effi Briest • **Robert Musil** • Über die Dummheit • **Edgar Wallace** • Der Frosch mit der Maske • **Jakob Wassermann** • Der Fall Maurizius • **Oscar Wilde** • Das Bildnis des Dorian Grey • **Émile Zola** • Germinal • **Stefan Zweig** • Schachnovelle • **Hugo von Hofmannsthal** • Der Tor und der Tod • **Anton Tschechow** • Ein Heiratsantrag • **Arthur Schnitzler** • Reigen • **Friedrich Schiller** • Kabale und Liebe • **Nicolo Machiavelli** • Der Fürst • **Gotthold E. Lessing** • Nathan der Weise • **Augustinus** • Die Bekenntnisse des heiligen Augustinus • **Marcus Aurelius** • Selbstbetrachtungen • **Charles Baudelaire** • Die Blumen des Bösen • **Harriett Stowe** • Onkel Toms Hütte • **Walter Benjamin** • Deutsche Menschen • **Hugo Bettauer** • Die Stadt ohne Juden • **Lewis Caroll** • *und viele mehr….*

Gerhart Hauptmann

Die Weber

Schauspiel aus den vierziger Jahren

Zuerst erschienen:

1892

Inhalt

Meinem Vater Robert Hauptmann
widme ich dieses Drama

Wenn ich Dir, lieber Vater, dieses Drama zuschreibe, so geschieht es aus Gefühlen heraus, die Du kennst und die an dieser Stelle zu zerlegen keine Nötigung besteht.

Deine Erzählung vom Großvater, der in jungen Jahren, ein armer Weber, wie die Geschilderten hinterm Webstuhl gesessen, ist der Keim meiner Dichtung geworden, die, ob sie nun lebenskräftig oder morsch im Innern sein mag, doch das Beste ist, was 'ein armer Mann wie Hamlet ist' zu geben hat.

Dein Gerhart

Dramatis Personae

Dreißiger, Parchentfabrikant
Frau Dreißiger
Pfeifer, Expedient bei Dreißiger
Neumann, Kassierer bei Dreißiger
Der Lehrling bei Dreißiger
Der Kutscher Johann bei Dreißiger
Ein Mädchen bei Dreißiger
Weinhold, Hauslehrer bei Dreißigers Söhnen
Pastor Kittelhaus
Frau Pastor Kittelhaus
Heide, Polizeiverwalter
Kutsche, Gendarm
Welzel, Gastwirt
Frau Welzel
Anna Welzel
Wiegand, Tischler
Ein Reisender
Ein Bauer
Ein Förster

Schmidt, Chirurgus
Hornig, Lumpensammler
Der alte Wittig, Schmiedemeister

Weber:

Bäcker
Moritz Jäger
Der alte Baumert
Mutter Baumert
Bertha Baumert
Emma Baumert
Fritz, Emmas Sohn, vier Jahre alt
August Baumert
Der alte Ansorge
Frau Heinrich
Der alte Hilse
Frau Hilse
Gottlieb Hilse
Luise, Gottliebs Frau
Mielchen, seine Tochter, sechs Jahre alt
Reimann
Heiber
Ein Knabe, acht Jahre alt
Färbereiarbeiter
Eine große Menge junger und alter Weber und Weberfrauen

Die Vorgänge dieser Dichtung geschehen in den vierziger Jahren in Kaschbach im Eulengebirge sowie in Peterswaldau und Langenbielau am Fuße des Eulengebirges. –
Das Weberlied wird gesungen nach der Melodie: „Es liegt ein Schloß in Österreich.“

Erster Akt

Ein geräumiges, graugetünchtes Zimmer in Dreißigers Haus zu Peterswaldau. Der Raum, wo die Weber das fertige Gewebe abzuliefern haben. Linker Hand sind Fenster ohne Gardinen, in der Hinterwand eine Glastür, rechts eine ebensolche Glastür, durch welche fortwährend Weber, Weberfrauen und Kinder ab- und zugehen. Längs der rechten Wand, die wie die übrigen größtenteils von Holzgestellen für Parchent verdeckt wird, zieht sich eine Bank, auf der die angekommenen Weber ihre Ware ausgebreitet haben. In der Reihenfolge der Ankunft treten sie vor und bieten ihre Ware zur Musterung. Expedient Pfeifer steht hinter einem großen Tisch, auf welchen die zu musternde Ware vom Weber gelegt wird. Er bedient sich bei der Schau eines Zirkels und einer Lupe. Ist er zu Ende mit der Untersuchung, so legt der Weber den Parchent auf die Waage, wo ein Kontorlehrling sein Gewicht prüft. Die abgenommene Ware schiebt derselbe Lehrling ins Repositorium. Den zu zahlenden Lohnbetrag ruft Expedient Pfeifer dem an einem kleinen Tischchen sitzenden Kassierer Neumann jedesmal laut zu.

Es ist ein schwüler Tag gegen Ende Mai. Die Uhr zeigt zwölf. Die meisten der harrenden Webersleute gleichen Menschen, die vor die Schranken des Gerichts gestellt sind, wo sie in peinigender Gespanntheit eine Entscheidung über Tod und Leben zu erwarten haben. Hinwiederum haftet allen etwas Gedrücktes, dem Almosenempfänger Eigentümliches an, der, von Demütigung zu Demütigung schreitend, im Bewußtsein, nur geduldet zu sein, sich so klein als möglich zu machen gewohnt ist. Dazu kommt ein starrer Zug resultatlosen, bohrenden Grübelns in aller Mienen. Die Männer, einander ähnelnd, halb zwerghaft, halb schulmeisterlich, sind in der Mehrzahl flachbrüstige, hüstelnde, ärmliche Menschen mit schmutzigblasser Gesichtsfarbe: Geschöpfe des Webstuhls, deren Knie infolge vielen Sitzens gekrümmt sind. Ihre Weiber zeigen weniger Typisches auf den ersten Blick; sie sind aufgelöst, gehetzt, abgetrieben – während die Männer eine gewisse klägliche Gravität noch zur Schau tragen – und zerlumpt, wo die Männer geflickt sind. Die jungen Mädchen sind mitunter nicht ohne Reiz; wächserne Blässe, zarte Formen, große, hervorstehende, melancholische Augen sind ihnen dann eigen.

Kassierer Neumann, *Geld aufzählend*. Bleibt sechzehn Silbergroschen, zwei Pfennig.

Erste Weberfrau, *dreißigjährig, sehr abgezehrt, streicht das Geld ein mit zitternden Fingern*. Sind Se bedankt.

Neumann, *als die Frau stehenbleibt*. Nu? stimmt's etwa wieder nich?

Erste Weberfrau, *bewegt, flehentlich*. A paar Fenniche uf Vorschuß hätt' ich doch halt aso neetig.

Neumann. Ich hab' a paar hundert Taler neetig. Wenn's ufs Neetighaben ankäm' –! *Schon mit Auszahlen an einen andern Weber beschäftigt, kurz*. Ieber den Vorschuß hat Herr Dreißiger selbst zu bestimmen.

Erste Weberfrau. Kennt' ich da vielleicht amal mit'n Herrn Dreißiger selber red'n?

Expedient Pfeifer, *ehemaliger Weber. Das Typische an ihm ist unverkennbar; nur ist er wohlgenährt, gepflegt gekleidet, glatt rasiert, auch ein starker Schnupfer. Er ruft barsch herüber*. Da hätte Herr Dreißiger weeß Gott viel zu tun, wenn er sich um jede Kleenigkeit selber bekimmern sollte. Dazu sind wir da. *Er zirkelt und untersucht mit der Lupe*. Schwerenot! Das zieht. *Er packt sich einen dicken Schal um den Hals*. Macht de Tiere zu, wer reinkommt.

Der Lehrling, *laut zu Pfeifer*. Das is, wie wenn man mit Kletzen red'te.

Pfeifer. Abgemacht sela! – Waage! *Der Weber legt das Webe auf die Waage*. Wenn Ihr ock Eure Sache besser verstehn tät't. Trepp'n hat's wieder drinne ... ich seh' gar nich hin. A guter Weber verschiebt's Aufbäumen nich wer weeß wie lange.

Bäcker *ist gekommen. Ein junger, ausnahmsweise starker Weber, dessen Gebaren ungezwungen, fast frech ist. Pfeifer, Neumann und der Lehrling werfen sich bei seinem Eintritt Blicke des Einvernehmens zu*. Schwerenot ja! Da soll eener wieder schwitz'n wie a Laugensack.

Erster Weber, *halblaut*. 's sticht gar sehr nach Regen.

Der alte Baumert *drängt sich durch die Glastür rechts. Hinter der Tür gewahrt man die Schulter an Schulter gedrängt zusammengepfercht wartenden Webersleute. Der Alte ist nach vorn gehumpelt und hat sein Pack in der Nähe des Bäcker auf die Bank gelegt. Er setzt sich daneben und wischt sich den Schweiß*. Hier is 'ne Ruh' verdient.

Bäcker. Ruhe is besser wie a Beehmen Geld.

Der alte Baumert. A Beehmen Geld mechte ooch sein. Gu'n Tag ooch, Bäcker!

Bäcker. Tag ooch, Vater Baumert! Ma muß wieder lauern wer weeß wie lange!

Erster Weber. Das kommt nich druf an. A Weber wart't an Stunde oder an'n Tag. A Weber is ock 'ne Sache.

Pfeifer. Gebt Ruhe dahinten! Man versteht ja sei eegenes Wort nich.

Bäcker, *leise*. A hat heute wieder sein'n tälsch'n Tag.

Pfeifer, *zu dem vor ihm stehenden Weber*. Wie oft hab' ich's Euch schonn gesagt! besser putzen sollt er. Was ist denn das für 'ne Schlauderei? Hier sind Klunkern drinne, so lang wie mei Finger, und Stroh und allerhand Dreck.

Weber Reimann. 's mecht' halt a neu Noppzängl sein.

Lehrling *hat das Webe gewogen*. 's fehlt auch am Gewicht.

Pfeifer. Eine Sorte Weber is hier so – schade fier jede Kette, die man ausgibt. O Jes's, zu meiner Zeit! Mir hätt's woll mei Meister angestrichen. Dazumal da war das noch a ander Ding um das Spinnwesen. Da mußte man noch sei Geschäfte verstehn. Heute da is das nich mehr neetig. – Reimann zehn Silbergroschen.

Weber Reimann. E Fund wird doch gerech'nt uf Abgang.

Pfeifer. Ich hab' keine Zeit. Abgemacht sela. Was bringt Ihr?

Weber Heiber *legt sein Webe auf. Während Pfeifer untersucht, tritt er an ihn und redet halblaut und eifrig in ihn hinein.* Se werden verzeihen, Herr Feifer, ich mechte Sie gittichst gebet'n hab'n, ob Se vielleicht und Se wollt'n so gnädig sein und wollt'n mir den Gefalln tun und ließen mir a Vorschuß dasmal nich abrech'n.

Pfeifer, *zirkelnd und guckend, höhnt.* Nu da! Das macht sich ja etwan. Hier is woll d'r halbe Einschuß wieder auf a Feifeln geblieb'n?

Weber Heiber, *in seiner Weise fortfahrend.* Ich wollt's ja gerne uf de neue Woche gleichemach'n. Vergangne Woche hatt' ich bloß zwee Howetage uf'n Dominium zu leist'n. Dabei liegt Meine krank derheeme ...

Pfeifer, *das Stück an die Waage gebend.* Das is eben wieder 'ne richt'ge Schlauderarbeit. *Schon wieder ein neues Webe in Augenschein nehmend.* So ein Salband, bald breit, bald schmal. Emal hat's den Einschuß zusammengeriss'n wer weeß wie sehr, dann hat's wieder mal 's Sperrittl auseinandergezog'n. Und auf a Zoll kaum siebzig Faden Eintrag. wo is denn der iebriche? Wo bleibt da die Reelletät? Das war' so was!

Weber Heiber *unterdrückt Tränen, steht gedemütigt und hilflos.*

Bäcker, *halblaut zu Baumert.* Der Pakasche mecht' ma noch Garn d'rzunekoofen.

Erste Weberfrau, *welche nur wenig vom Kassentisch zurückgetreten war und sich von Zeit zu Zeit mit starren Augen hilfesuchend umgesehen hat, ohne von der Stelle zu gehen, faßt sich ein Herz und wendet sich von* *neuem flehentlich an den Kassierer*. Ich kann halt balde ... ich weeß gar nich, wenn Se mir dasmal und geb'n mir keen'n Vorschuß ... o Jesis, Jesis.

Pfeifer *ruft herüber*. Das is a Gejesere. Laßt bloß a Herr Jesus in Frieden. Ihr habt's ja sonst nich so ängstlich um a Herr Jesus. Paßt lieber auf Euern Mann uf, daß und man sieht'n nich aller Augenblicke hinterm Kretschamfenster sitz'n. Wir kenn kein'n Vorschuß geb'n. Wir miss'n Rechenschaft ablegen dahier. 's is auch nich unser Geld. Von uns wird's nachher verlangt. Wer fleißig is und seine Sache versteht und in der Furcht Gottes seine Arbeit verricht't, der braucht ieberhaupt nie keen'n Vorschuß nich. Abgemacht Seefe.

Neumann. Und wenn a Bielauer Weber 's vierfache Lohn kriegt, da verfumfeit er's vierfache und macht noch Schulden.

Erste Weberfrau, *laut, gleichsam an das Gerechtigkeitsgefühl aller appellierend*. Ich bin gewiß ni faul, aber ich kann ni mehr aso fort. Ich hab' halt doch zweemal an Iebergang gehabt. Und was de mei Mann is, der is ooch bloßich halb; a war beim Zerlauer Schäfer, aber der hat'n doch au nich kenn'n von sein'n Schad'n helf'n, und da ... Zwing'n kann ma's doch nich ... Mir arbeit'n gewiß, was wir ufbringen. Ich hab' schonn viele Woch'n keen'n Schlaf in a Aug'n gehabt, und's wird auch schonn wieder gehn, wenn ock ich und ich wer de Schwäche wieder a bissei rauskrieg'n aus a Knoch'n. Aber Se miss'n halt ooch a eenziges bissei a Einsehn hab'n. *Inständig, schmeichlerisch flehend*. Sind S'ock scheen gebet'n und bewilligen mer dasmal a paar Greschl.

Pfeifer, *ohne sich stören zu lassen*. Fiedler elf Silbergroschen.

Erste Weberfrau. Bloß a paar Greschl, daß m'r zu Brote komm'n. D'r Pauer borgt nischt mehr. Ma hat a Häufl Kinder ...

Neumann, *halblaut und mit komischem Ernst zum Lehrling*.

> Die Leinweber haben alle Jahre ein Kind,
> alle walle, alle walle, puff, puff, puff.

Der Lehrling *gibt ebenso zurück*.

Die Blitzkröte ist sechs Wochen blind,

Summt die Melodie zu Ende.

alle walle, alle walle, puff, puff, puff.

Weber Reimann, *das Geld nicht anrührend, das der Kassierer ihm aufgezählt hat.* Mer hab'n doch jetzt immer dreizehntehalb Beehmen kriegt fer a Webe.

Pfeifer *ruft herüber.* Wenn's Euch nich paßt, Reimann, da braucht er bloß ein Wort sag'n. Weber hat's genug. Vollens solche, wie Ihr seid. Für'n volles Gewichte gibt's auch'n vollen Lohn.

Weber Reimann. Daß hier was fehln sollte an'n Gewichte ...

Pfeifer. Bringt ein fehlerfreies Stick Parchent, da wird auch am Lohn nichts fehln.

Weber Reimann. Daß 's hier und sollte zu viel Placker drinnehab 'n, das kann doch reen gar nich meeglich sein.

Pfeifer, *im Untersuchen.* Wer gut webt, der gut lebt.

Weber Heiber *ist in der Nähe Pfeifers geblieben, um nochmals einen günstigen Augenblick abzupassen. Über Pfeifers Wortspiel hat er mitgelächelt, nun tritt er an ihn und redet ihm zu wie das erste Mal.* Ich wollte Se gittichst gebeten hab'n, Herr Feifer, ob Se vielleicht und Se wollt'n aso barmherzich sein und rech't'n mir a Fimfbeehmer Vorschuß dasmal nich ab. Meine liegt schon seit d'r Fasnacht krumm im Bette. Se kann mer keen'n Schlag Arbeit nich verricht'n. Da muß ich a Spulmädel bezahln. Deshalb ...

Pfeifer *schnupft.* Heiber, ich hab' nich bloß Euch alleene abzufertig'n. Die andern wolln auch drankommen.

Weber Reimann. So hab' ich de Werfte kriegt – aso hab' ich se uf gebäumt und wieder runtergenommen. A besser Garn, wie ich kriegt hab', kann ich nich zurickbringen.

Pfeifer. Paßt's Euch nich, da braucht er Euch bloß keene Werfte mehr abzuholn. Wir hab'n 'r genug, die sich's Leder von a Fießen dernach ablauf'n.

Neumann, *zu Reimann*. Wollt Ihr das Geld nich nehmen?

Weber Reimann. Ich kann mich durchaus aso nich zufrieden geben.

Neumann, *ohne sich weiter um Reimann zu bekümmern*. Heiber zehn Silbergroschen. Geht ab fünf Silbergroschen Vorschuß. Bleiben fünf Silbergroschen.

Weber Heiber *tritt heran, sieht das Geld an, steht, schüttelt den Kopf, als könnte er etwas gar nicht glauben, und streicht das Geld langsam und umständlich ein. O meins, meins! – Seufzend*. Nu, da da!

Der alte Baumert, *Heibern ins Gesicht*. Jaja, Franze! Da kann eens schon manchmal'n Seufzrich tun.

Weber Heiber, *mühsam redend*. Sieh ock, ich hab' a krank Mädel derheeme zu lieg'n. Da mecht' a Fläschl Medezin sein.

Der alte Baumert. Wo tutt's er'n fehlen?

Weber Heiber. Nu sieh ock, 's war halt von kleen uf a vermickertes Dingl. Ich weeß gar nich ... na, dir kann ich's ja sag'n: se hat's mit uf de Welt gebracht. Aso 'ne Unreenichkeit ieber und ieber bricht'r halt durchs Geblitte.

Der alte Baumert. Ieberall hat's was. Wo eemal's Armutt is, da kommt ooch Unglicke ieber Unglicke. Da is o kee Halt und keene Rettung.

Weber Heiber. Was hast d'nn da eingepackt in dem Tiechl?

Der alte Baumert. Mir sein halt gar blank derheeme. Da hab' ich halt unser Hundl schlacht'n lassen. Viel is ni dran, a war o halb d'rhungert. 's war a klee, nettes Hundl. Selber abstechen mocht' ich'n nich. Ich könnt' mer eemal kee Herze nich fass'n.

Pfeifer *hat Bäckers Webe untersucht, ruft*. Bäcker dreizehntehalb Silbergroschen.

Bäcker. Das is a schäbiges Almosen, aber kee Lohn.

Pfeifer. Wer abgefertigt is, hat's Lokal zu verlassen. Wir kenn uns vorhero nich riehren.

Bäcker, *zu den Umstehenden, ohne seine Stimme zu dämpfen*. Das is a schäbiges Trinkgeld, weiter nischt. Da soll eens treten vom friehen Morg'n bis in die sinkende Nacht. Und wenn man achtz'n Tage ieberm Stuhle geleg'n hat, Abend fer Abend wie ausgewund'n, halb drehnig vor Staub und Gluthitze, da hat man sich glicklich dreiz'ntehalb Beehmen erschind't.

Pfeifer. Hier wird nich gemault!

Bäcker. Vo Ihn lass' ich mersch Maul noch lange nich verbiet'n.

Pfeifer *springt mit dem Ausruf* Das mecht' ich doch amal sehn! *nach der Glastür und ruft ins Kontor*. Herr Dreißicher, Herr Dreißicher, mechten Sie amal so freundlich sein!

Dreißiger *kommt. Junger Vierziger. Fettleibig, asthmatisch. Mit strenger Miene*. Was – gibt's denn, Pfeifer?

Pfeifer, *glupsch*. Bäcker will sich's Maul nich verbieten lassen.

Dreißiger *gibt sich Haltung, wirft den Kopf zurück, fixiert Bäcker mit zuckenden Nasenflügeln*. Ach so – Bäcker!– *Zu Pfeifer*. Is das der? Die Beamten nicken.

Bäcker, *frech*. Ja, ja, Herr Dreißicher! *Auf sich zeigend*. Das is der, – *auf Dreißiger zeigend* – und das is der.

Dreißiger, *indigniert*. Was erlaubt sich denn der Mensch!?

Pfeifer. Dem geht's zu gutt! Der geht aso lange aufs Eis tanzen, bis a's amal versehen hat.

Bäcker, *brutal*. O du Fennigmanndl, halt ock du deine Fresse. Deine Mutter mag sich woll ei a Neumonden beim Besenreit 'n am Luzifer versehn hab'n, daß aso a Teiwel aus dir geworn is.

Dreißiger, *in ausbrechendem Jähzorn, brüllt*. Maul halten! auf der Stelle Maul halten, sonst ... *Er zittert, tut ein paar Schritte vorwärts.*

Bäcker, *mit Entschlossenheit ihn erwartend*. Ich bin nich taub. Ich heer' noch gut.

Dreißiger *überwindet sich, fragt mit anscheinend geschäftsmäßiger Ruhe*. Is der Bursche nicht auch dabeigewesen?

Pfeifer. Das is a Bielauer Weber. Die sind ieberall d'rbei, wo's 'n Unfug zu machen gibt.

Dreißiger, *zitternd*. Ich sag' euch also: passiert mir das noch einmal und zieht mir noch einmal so eine Rotte Halbbetrunkener, so eine Bande von grünen Lümmeln am Hause vorüber wie gestern abend – mit diesem niederträchtigen Liede ...

Bäcker. 's „Bluttgericht“ meenen Se woll?

Dreißiger. Er wird schon wissen, welches ich meine. Ich sag' euch also: hör' ich das noch einmal, dann lass' ich mir einen von euch rausholen, und – auf Ehre, ich spaße nicht – den übergebe ich dem Staatsanwalt. Und wenn ich rausbekomme, wer dies elende Machwerk von einem Liede ...

Bäcker. Das is a schee Lied, das!

Dreißiger. Noch ein Wort, und ich schicke zur Polizei – augenblicklich. – Ich fackle nicht lange. – Mit euch Jungens wird man doch noch fertig werden. Ich bin doch schon mit ganz andren Leuten fertig geworden.

Bäcker. Nu das will ich gloob'n. Aso a richtiger Fabrikante, der wird mit zwee-, dreihundert Webern fertich, eh man sich umsieht. Da läßt a ooch noch ni a paar morsche Knoch'n iebrich. Aso eener der hat vier Mag'n wie 'ne Kuh und a Gebiß wie a Wolf. Nee nee, da hat's nischt!

Dreißiger, *zu den Beamten*. Der Mensch bekommt keinen Schlag Arbeit mehr bei uns.

Bäcker. Oh, ob ich am Webstuhle derhungere oder im Straßengrab'n, das is mir egal.

Dreißiger. Raus, auf der Stelle raus!

Bäcker, *fest*. Erst will ich mei Lohn hab'n.

Dreißiger. Was kriegt der Kerl, Neumann?

Neumann. Zwölf Silbergroschen, fünf Pfennige.

Dreißiger *nimmt überhastig dem Kassierer das Geld ab und wirft es auf den Zahltisch, so daß einige Münzen auf die Diele rollen*. Da! – hier! – und nu rasch – mir aus den Augen!

Bäcker. Erscht will ich mei Lohn hab'n.

Dreißiger. Da liegt Sein Lohn; und wenn Er nun nich macht, daß Er rauskommt ... Es ist grade zwölf ... Meine Färber machen gerade Mittag ...!

Bäcker. Mei Lohn geheert in meine Hand. Hieher geheert mei Lohn. *Er berührt mit den Fingern der rechten die Handfläche der linken Hand*.

Dreißiger, *zum Lehrling*. Heben Sie's auf, Tilgner.

Der Lehrling *tut es, legt das Geld in Bäckers Hand*.

Bäcker. Das muß all's sein'n richt'chen Paß gehn. *Er bringt, ohne sich zu beeilen, in einem alten Beutel das Geld unter*.

Dreißiger. Nu? *Als Bäcker sich noch immer nicht entfernt, ungeduldig*. Soll ich nun nachhelfen?

Unter den dichtgedrängten Webern ist eine Bewegung entstanden. Jemand stößt einen langen, tiefen Seufzer aus. Darauf geschieht ein Fall. Alles Interesse wendet sich dem neuen Ereignis zu.

Dreißiger. Was gibt's denn da?

Verschiedene Weber und Weberfrauen. 's is eener hingeschlag'n. – 's is a klee hiprich Jungl. – Is 's etwa de Kränkte oder was?!

Dreißiger. Ja ... wie denn? Hingeschlagen? *Er geht näher.*

Alter Weber. A liegt halt da.

Es wird Platz gemacht. Man sieht einen achtjährigen Jungen wie tot an der Erde liegen.

Dreißiger. Kennt jemand den Jungen?

Alter Weber. Aus unserm Dorfe is a nich.

Der alte Baumert. Der sieht ja bald aus wie Heinrichens. *Er betrachtet ihn genauer.* Ja, ja! Das is Heinrichens Gustavl.

Dreißiger. Wo wohnen denn die Leute?

Der alte Baumert. Nu, oben bei uns, in Kaschbach, Herr Dreißicher. Er geht Musicke machen, und am Tage da liegt a ieberm Stuhle. Se han neun Kinder, und's zehnte is unterwegens.

Verschiedene Weber und Weberfrauen. Den Leut'n geht's gar sehr kimmerlich. – Den regnet's in de Stube. – Das Weib hat keene zwee Hemdl fer die neun Burschen.

Der alte Baumert, *den Jungen anfassend.* Nu, Jungl, was hat's denn mit dir? Da wach ock uf!

Dreißiger. Faßt mal mit an, wir wollen ihn mal aufheben. Ein Unverstand ohnegleichen, so'n schwächliches Kind diesen langen Weg machen zu lassen. Bringen Sie mal etwas Wasser, Pfeifer!

Weberfrau, *die ihn aufrichten hilft.* Mach ock ni etwa Dinge und stirb, Jungl!

Dreißiger. Oder Kognak, Pfeifer, Kognak is besser.

Bäcker *hat, von allen vergessen, beobachtend gestanden. Nun, die eine Hand an der Türklinke, ruft er laut und höhnisch herüber.* Gebt'n ock was zu fressen, da wird a schonn zu sich kommen. *Ab.*

Dreißiger. Der Kerl nimmt kein gutes Ende. – Nehmen Sie ihn unterm Arm, Neumann. – Langsam ... langsam ... so ... so ... wir wollen ihn in mein Zimmer bringen. Was wollen Sie denn?

Neumann. Er hat was gesagt, Herr Dreißiger! Er bewegt die Lippen.

Dreißiger. Was – willst du denn, Jungl?

Der Junge *haucht*. Mich h...hungert!

Dreißiger *wird bleich*. Man versteht ihn nich.

Weberfrau. Ich gloobe, a meinte ...

Dreißiger. Wir werden ja sehn. Nur ja nich aufhalten. – Er kann sich bei mir aufs Sofa legen. Wir werden ja hören, was der Doktor sagt.

Dreißiger, Neumann und die Weberfrau führen den Jungen ins Kontor. Unter den Webern entsteht eine Bewegung wie bei Schulkindern, wenn der Lehrer die Klasse verlassen hat. Man reckt und streckt sich, man flüstert, tritt von einem Fuß auf den andern, und in einigen Sekunden ist das Reden laut und allgemein.

Der alte Baumert. Ich gloob' immer, Bäcker hat recht.

Mehrere Weber und Weberfrauen. A sagte ja o aso was. – Das is hier nischt Neues, daß amal een'n d'r Hunger schmeißt. – Na, ieberhaupt, was de den Winter erscht wern soll, wenn das hie und's geht aso fort mit der Lohnzwackerei. – Und mit a Kartoffeln wird's das Jahr gar schlecht. – Hie wird's au nich anderscher, bis mer alle vollens uf'n Rick'n lieg'n.

Der alte Baumert. Am best'n, ma macht's wie d'r Nentwich Weber, ma legt sich a Schleefl um a Hals un knippt sich am Webstuhle uf. Da, nimm der 'ne Prise, ich war in Neurode, da arbeit mei Schwager in d'r Fabricke, wo s'n machen, a Schnupptabak. Der hat m'r a paar Kerndl gegeb'n dahier. Was trägst denn du in dem Tiechl Scheenes?

Alter Weber. 's is bloß a bissel Perlgraupe. D'r Wag'n vom Ullbrichmiller fuhr vor m'r her. Da war a Sack a bissel ufgeschlitzt. Das kommt mir gar sehr zupasse, kannst gloob'n.

Der alte Baumert. Zweiundzwanzich Miehlen sein in Peterschwalde, und fer unsereens fällt doch nischt ab.

Alter Weber. Ma muß ebens a Mut nich sink'n lass'n. 's kommt immer wieder was und hilft een a Stickl weiter.

Weber Heiber. Ma muß ebens, wenn d'r Hunger kommt, zu a Vierzehn Nothelfern beten, und wenn ma dadervon etwa ni satt wird, da muß ma an Steen ins Maul nehmen und dran lutschen. Gell, Baumert?

Dreißiger, Pfeifer sowie der Kassierer kommen zurück.

Dreißiger. Es war nichts von Bedeutung. Der Junge ist schon wieder ganz munter. *Erregt und pustend umhergehend.* Es bleibt aber immer eine Gewissenlosigkeit. Das Kind ist ja nur so'n Hälmchen zum Umblasen. Es ist rein unbegreiflich, wie Menschen ... wie Eltern so unvernünftig sein können. Bürden ihm zwei Schock Parchent auf, gute anderthalb Meilen Wegs. Es ist wirklich kaum zum Glauben. Ich werde einfach müssen die Einrichtung treffen, daß Kindern überhaupt die Ware nicht mehr abgenommen wird. *Er geht wiederum eine Weile stumm hin und her.* Jedenfalls wünsche ich dringend, daß so etwas nicht mehr vorkommt. – Auf wem bleibt's denn schließlich sitzen? Natürlich doch auf uns Fabrikanten. Wir sind an allem schuld. Wenn so'n armes Kerlchen zur Winterszeit im Schnee steckenbleibt und einschläft, dann kommt so'n hergelaufener Skribent, und in zwei Tagen, da haben wir die Schauergeschichte in allen Zeitungen. Der Vater, die Eltern, die so'n Kind schicken ... i bewahre, wo werden die denn schuld sein! Der Fabrikant muß ran, der Fabrikant is der Sündenbock. Der Weber wird immer gestreichelt, aber der Fabrikant wird immer geprügelt: das is'n Mensch ohne Herz, 'n Stein, 'n gefährlicher Kerl, den jeder Preßhund in die Waden beißen darf. Der lebt herrlich und in Freuden und gibt den armen Webern Hungerlöhne. – Daß so'n Mann auch Sorgen hat und schlaflose Nächte, daß er sein großes Risiko läuft, wovon der Arbeiter sich nichts träumen läßt, daß er manchmal vor lauter Dividieren, Addieren und Multiplizieren, Berechnen und wieder Berechnen nich weiß, wo ihm der Kopf steht, daß er hunderterlei bedenken und überlegen muß und immerfort sozusagen auf Tod und Leben kämpft und konkurriert, daß kein Tag vergeht ohne Ärger und Verlust: darüber schweigt des Sängers Höflichkeit. Und was hängt nicht alles am Fabrikanten, was saugt nicht alles an ihm und will von ihm leben! Nee, nee! Ihr solltet nur manchmal in meiner Haut stecken, ihr würdet's bald genug satt kriegen. *Nach einiger Sammlung*. Wie hat sich dieser Kerl, dieser Bursche da, dieser Bäcker hier aufgeführt! Nun wird er gehen und ausposaunen, ich wäre wer weiß wie unbarmherzig. Ich setzte die Weber bei jeder Kleinigkeit mir nichts, dir nichts vor die Tür. Ist das wahr? Bin ich so unbarmherzig?

Viele Stimmen. Nee, Herr Dreißicher!

Dreißiger. Na, das scheint mir doch auch so. Und dabei ziehen diese Lümmels umher und singen gemeine Lieder auf uns Fabrikanten, wollen von Hunger reden und haben so viel übrig, um den Fusel quartweise konsumieren zu können. Sie sollten mal die Nase hübsch woanders neinstecken und sehen, wie's bei den Leinwandwebern aussieht. Die können von Not reden. Aber ihr hier, ihr Parchentweber, ihr steht noch so da, daß ihr nur Grund habt, Gott im stillen zu danken. Und ich frage die alten, fleißigen und tüchtigen Weber, die hier sind: kann ein Arbeiter, der seine Sachen zusammenhält, bei mir auskommen oder nicht?

Sehr viele Stimmen. Ja, Herr Dreißicher!

Dreißiger. Na, seht ihr! – So'n Kerl wie der Bäcker natürlich nicht. Aber ich rate euch, haltet diese Burschen im Zaume. Wird mir's zu bunt, dann quittiere ich. Dann löse ich das Geschäft auf, und dann könnt ihr sehn, wo ihr bleibt. Dann könnt ihr sehn, wo ihr Arbeit bekommt. Bei Ehren-Bäcker sicherlich nicht.

Erste Weberfrau *hat sich an Dreißiger herangemacht, putzt mit kriechender Demut Staub von seinem Rock*. Se hab'n sich a brinkel angestrichen, gnädicher Herr Dreißicher.

Dreißiger. Die Geschäfte gehen hundsmiserabel, das wißt ihr ja selbst. Ich setze zu, statt daß ich verdiene. Wenn ich trotzdem dafür sorge, daß meine Weber immer Arbeit haben, so setze ich voraus, daß das anerkannt wird. Die Ware liegt mir da in Tausenden von Schocken, und ich weiß heut noch nicht, ob ich sie jemals verkaufen werde. – Nun hab' ich gehört, daß sehr viele Weber hierum ganz ohne Arbeit sind, und da ... na, Pfeifer mag euch das Weitre auseinandersetzen. – Die Sache ist nämlich die: damit ihr den guten Willen seht ... ich kann natürlich keine Almosen austeilen, dazu bin ich nicht reich genug, aber ich kann bis zu einem gewissen Grade den Arbeitslosen Gelegenheit geben, wenigstens 'ne Kleinigkeit zu verdienen. Daß ich dabei ein immenses Risiko habe, ist ja meine Sache. – Ich denke mir halt: wenn sich ein Mensch täglich 'ne Quarkschnitte erarbeiten kann, so ist doch das immer besser, als wenn er überhaupt hungern muß. Hab' ich nicht recht?

Viele Stimmen. Ja, ja, Herr Dreißicher!

Dreißiger. Ich bin also gern bereit, noch zweihundert Webern Beschäftigung zu geben. Unter welchen Umständen, wird Pfeifer euch auseinandersetzen. *Er will gehen.*

Erste Weberfrau *vertritt ihm den Weg, spricht überhastet, flehend und dringlich.* Gnädijer Herr Dreißicher, ich wollte Sie halt recht freindlich gebet'n hab'n, wenn Se vielleicht ... ich hab' halt zweimal an Iebergang gehabt.

Dreißiger, *eilig.* Sprecht mit Pfeifer, gute Frau, ich hab' mich so schon verspätet. *Er läßt sie stehen.*

Weber Reimann *vertritt ihm ebenfalls den Weg. Im Tone der Kränkung und Anklage.* Herr Dreißicher, ich muß mich wirklich beklag'n. Herr Feifer hat mer ... Ich hab' doch fer mei Webe jetzt immer zwölftehalb Beehmen kriegt ...

Dreißiger *fällt ihm in die Rede.* Dort sitzt der Expedient. Dorthin wendet Euch: das is die richtige Adresse.

Weber Heiber *hält Dreißiger auf.* Gnädiger Herr Dreißicher, – *stotternd und mit wirrer Hast* – ich wollte Se vielmals gittigst gebeten han, ob mir vielleicht und a kennde mer … ob mer d'r Herr Feifer vielleicht und a kennde … a kennde …

Dreißiger. Was wollt Ihr denn?

Weber Heiber. Da Vorschuß, dann ich's letztemal, ich meene, da ich …

Dreißiger. Ja, ich verstehe Euch wirklich nicht.

Weber Heiber. Ich war a brinkl sehr in Not, weil …

Dreißiger. Pfeifers Sache, Pfeifers Sache. Ich kann wirklich nicht … macht das mit Pfeifer aus. *Er entweicht ins Kontor. Die Bittenden sehen sich hilflos an. Einer nach dem andern tritt seufzend zurück.*

Pfeifer, *die Untersuchung wieder aufnehmend.* Na, Annl, was bringst du?

Der alte Baumert. Was soll's denn da setz'n fer a Webe, Herr Feifer?

Pfeifer. Fürs Webe zehn Silbergroschen.

Der alte Baumert. Nu das macht sich!

Bewegung unter den Webern, Flüstern und Murren.

Zweiter Akt

Das Stübchen des Häuslers Wilhelm Ansorge zu Kaschbach im Eulengebirge. In einem engen, von der sehr schadhaften Diele bis zur schwarz verräucherten Balkendecke nicht sechs Fuß hohen Raum sitzen: zwei junge Mädchen, Emma und Bertha Baumert, an Webstühlen – Mutter Baumert, eine kontrakte Alte, auf einem Schemel am Bett, vor sich ein Spulrad – ihr Sohn August, zwanzigjährig, idiotisch, mit kleinem Rumpf und Kopf und langen, spinnenartigen Extremitäten, auf einem Fußschemel, ebenfalls spulend. Durch zwei kleine, zum Teil mit Papier verklebte und mit Stroh verstopfte Fensterlöcher der linken Wand dringt schwaches, rosafarbenes Licht des Abends. Es fällt auf das weißblonde, offene Haar der Mädchen, auf ihre unbekleideten, mageren Schultern sowie dünne, wächserne Nacken, auf die Falten des groben Hemdes im Rücken, das, nebst einem kurzen Röckchen aus härtester Leinewand, ihre einzige Bekleidung ist. Der alten Frau leuchtet der warme Hauch voll über Gesicht, Hals und Brust: ein Gesicht, abgemagert zum Skelett, mit Falten und Runzeln in einer blutlosen Haut, mit versunkenen Augen, die durch Wollstaub, Rauch und Arbeit bei Licht entzündlich gerötet und wäßrig sind, einen langen Kropfhals mit Falten und Sehnen, eine eingefallene, mit verschossenen Tüchern und Lappen verpackte Brust.

Ein Teil der rechten Wand mit Ofen und Ofenbank, Bettstelle und mehreren grell getuschten Heiligenbildern steht auch noch im Licht. – Auf der Ofenstange hängen Lumpen zum Trocknen, hinter dem Ofen ist altes, wertloses Gerümpel angehäuft. Auf der Ofenbank stehen einige alte Töpfe und Kochgeräte, Kartoffelschalen sind zum Dörren auf Papier gelegt. – Von den Balken herab hängen Garnsträhne und

Weifen. Körbchen mit Spulen stehen neben den Webstühlen. In der Hinterwand ist eine niedrige Tür ohne Schloß. Ein Bündel Weidenruten ist daneben an die Wand gelehnt. Mehrere schadhafte Viertelkörbe stehen dabei. – Das Getöse der Webstühle, das rhythmische Gewuchte der Lade, davon Erdboden und Wände erschüttert werden, das Schlurren und Schnappen des hin- und hergeschnellten Schiffchens erfüllen den Raum. Dahinein mischt sich das tiefe, gleichmäßig fortgesetzte Getön der Spulräder, das dem Summen großer Hummeln gleicht.

Mutter Baumert, *mit einer kläglichen, erschöpften Stimme, als die Mädchen mit Weben innehalten und sich über die Gewebe beugen*. Mißt er schonn wieder knipp'n!?

Emma, *das ältere der Mädchen, zweiundzwanzigjährig. Indem sie gerissene Fäden knüpft*. Eine Art Garn is aber das au!

Bertha, *fünfzehnjährig*. Das is aso a bissel Zucht mit der Werfte.

Emma. Wo a ock bleibt aso lange? A is doch fort schonn seit um a neune.

Mutter Baumert. Nu ebens, ebens! Wo mag a ock bleiben, ihr Mädel?

Bertha. Ängst Euch beileibe ni, Mutter!

Mutter Baumert, 'ne Angst is das immer! *Emma fährt fort zu weben*.

Bertha. Wart amal, Emma!

Emma. Was is denn?

Bertha. Mir war doch, 's kam jemand.

Emma. 's wird Ansorge sein, der zu Hause kommt.

Fritz, *ein kleiner, barfüßiger, zerlumpter Junge von vier Jahren, kommt hereingeweint*. Mutter, mich hungert.

Emma. Wart, Fritzl, wart a bissel! Großvater kommt gleich. A bringt Brot mit und Kerndl.

Fritz. Mich hungert aso, Mutterle!

Emma. Ich sag' dersch ja. Bis ock nich einfältich. A wird ja gleich kommen. A bringt a scheenes Brotl mit und Kerndlkoffee. – Wenn ock wird Feierabend sein, da nimmt Mutter de Kartuffeischalen, die trägt se zum Pauer, und der gibbt er derfire a scheenes Neegl Puttermilch firsch Jungl.

Fritz. Wo is er'n hin, Großvater?

Emma. Beim Fabrikanten is a, abliefern an Kette, Fritzl.

Fritz. Beim Fabrikanten?

Emma. Ja, ja, Fritzl! unten bei Dreißichern in Peterschwalde.

Fritz. Kriegt a da Brot?

Emma. Ja, ja, a gibbt'n 's Geld, und da kann a sich Brot koofen.

Fritz. Gibbt der Großvatern viel Geld?

Emma, *heftig*. O heer uf, Junge, mit dem Gerede. *Sie fährt fort zu weben, Bertha ebenfalls. Gleich darauf halten beide wieder inne.*

Bertha. Geh, August, frag Ansorgen, ob a nich will anleucht'n.

August entfernt sich, Fritz mit ihm.

Mutter Baumert, *mit überhandnehmender, kindischer Angst, fast winselnd*. Ihr Kinder, ihr Kinder, wo der Mann bleibt?!

Bertha. A wird halt amal zu Hauffen reingegangen sein.

Mutter Baumert *weint*. Wenn a bloß nich etwan in a Kretscham gegang'n war'!

Emma. Ween ock nich, Mutter! Aso eener is unser Vater doch nich.

Mutter Baumert, *von einer Menge auf sie einstürzender Befürchtungen außer sich gebracht*. Nu ... nu ... nu sagt amal, was soll nu bloß wern?

Wenn a's nu ... wenn a nu zu Hause kommt ... Wenn a's nu versauft und bringt nischt ni zu Hause? Keene Handvoll Salz is mehr im Hause, kee Stickl Gebäcke ... 's mecht' an Schaufel Feurung sein ...

Bertha. Laß 's gutt sein, Mutter! m'r hab'n Mondschein. M'r gehn in a Pusch. M'r nehmen uns August'n mite und holn a paar Rittl.

Mutter Baumert. Gelt, daß euch d'r Jäger und kriegt euch zu pack'n!

Ansorge, *ein alter Weber mit hünenhaftem Knochenbau, der sich tief bücken muß, um ins Zimmer zu gelangen, steckt Kopf und Oberkörper durch die Tür. Haupt - und Barthaare sind ihm stark verwildert*. Was soll denn sein?

Bertha. Se mechten Licht machen!

Ansorge, *gedämpft, wie in Gegenwart eines Kranken sprechend*. 's is ja noch lichte.

Mutter Baumert. Nu laß du uns ooch noch im Finstern sitzen.

Ansorge. Ich muß mich halt ooch einrichten. Er zieht sich zurück.

Bertha. Nu da siehste's, aso geizig is a.

Emma. Da muß man nu sitzen, bis'n wird passen.

Frau Heinrich *kommt. Eine dreißigjährige Frau, die ein Kind unterm Herzen trägt. Aus ihrem abgemüdeten Gesicht spricht marternde Sorge und ängstliche Spannung*. Gu'n Abend mitnander.

Mutter Baumert. Nu, Heinrichen, was bringst uns denn?

Frau Heinrich, *welche hinkt*. Ich hab' mer an Scherb eingetreten.

Bertha. Nu komm her, setz dich. Ich wer sehn, daß ich'n rauskriege. *Frau Heinrich setzt sich, Bertha kniet vor ihr nieder und macht sich an ihrer Fußsohle zu schaffen*.

Mutter Baumert. Wie geht's d'n d'rheeme, Heinrichen?

Frau Heinrich, *verzweifelter Ausbruch*, 's geht heilich bald ni mehr. *Sie kämpft vergebens gegen einen Strom von Tränen. Nun weint sie stumm.*

Mutter Baumert. Fer unsereens, Heinrichen, wärsch am besten, d'r liebe Gott tät' a Einsehn hab'n und nähm' uns gar von d'r Welt.

Frau Heinrich, *ihrer nicht mehr mächtig, schreit weinend heraus*. Meine armen Kinder derhungern m'r! *Sie schluchzt und winselt*. Iich weeß m'r keen'n Rat ni mehr. Ma mag anstelln, was ma will, ma mag rumlaufen, bis ma liegenbleibt. Ich bin mehr tot wie lebendig, und is doch und is kee Anderswerden. Neun hungriche Mäuler, die soll eens nu satt machen. Von was d'n, hä? Nächten Abend hatt' ich a Stickl Brot, 's langte noch nich amal fir de zwee Kleenst'n. Wem sollt' ich's d'n geb'n, hä? Alle schrien sie in mich nein: Mutterle, mir, Mutterle, mir ... Nee, nee! Und dad'rbei kann ich jetzt noch laufen. Was soll erseht wem, wenn ich zum Lieg'n komme? Die paar Kartoffeln hat uns 's Wasser mitgenommen. Mir hab'n nischt zu brechen und zu beißen.

Bertha *hat die Scherbe entfernt und die Wunde gewaschen*. M'r wolln a Fleckl drumbind'n, – *zu Emma* – such amol eens!

Mutter Baumert. 's geht uns ni besser, Heinrichen.

Frau Heinrich. Du hast doch zum wenigsten noch deine Mädel. Du hast'n Mann, der de arbeiten kann, aber meiner, der is m'r vergangne Woche wieder hingeschlag'n. Da hat's 'n doch wieder gerissen und geschmissen, daß ich vor Himmelsangst ni wußte, was anfangen mit'n. Und wenn a so an Anfall gehabt hat, da liegt a m'r halt wieder acht Tage feste im Bette.

Mutter Baumert. Meiner is ooch nischt ni mehr wert. A fängt ooch an und klappt zusammen, 's liegt'n uf d'r Brust und im Kreuze. Und abgebrannt sind m'r ebenfalls ooch bis uf a Fennich. Wenn a heut ni und a bringt a paar Greschl mit, da weeß ich ooch ni, was weiter werd'n soll.

Emma. Kannst's glooben, Heinrichen. Wir sein aso weit ... Vater hat mußt Ami'n mitnehmen. Wir miss'n 'n schlacht'n lass'n, daß m'r ock reen wieder amal was in a Mag'n krieg'n.

Frau Heinrich. Hätt'r nich an eenziche Handvoll Mehl iebrich?

Mutter Baumert. O ni aso viel, Heinrichen; kee Kerndl Salz is mehr im Hause.

Frau Heinrich. Nu da weeß ich nich! *Erhebt sich, bleibt stehen, grübelt.* Da weeß ich wirklich nee! – Da kann ich m'r eemal nich helfen. *In Wut und Angst schreiend.* Ich wär' ja zufriede, wenn's uf Schweinfutter langte! – Aber mit leeren Händ'n darf ich eemal nich heemkommen. Das geht eemal nich. Da verzeih' mersch Gott. Ich weeß mer da eemal keen'n andern Rat ni mehr. *Sie hinkt, links nur mit der Ferse auftretend, schnell hinaus.*

Mutter Baumert *ruft ihr warnend nach.* Heinrichen, Heinrichen! mach ni etwan 'ne Tummheit.

Bertha. Die tut sich kee Leids an. Gloob ock du das nich.

Emma. Aso macht's doch die immer. *Sie sitzt wieder am Stuhl und webt einige Sekunden.*

August leuchtet mit dem brennenden Talglicht seinem Vater, dem alten Baumert, der sich mit einem Garnpack hereinschleppt, voran.

Mutter Baumert. O Jes's, o Jes's, Mann, wo bleibst ock du aso lange!?

Der alte Baumert. Na, beeß ock ni gleich. Laß mich ock erscht a brinkl verblasen. Sieh lieber dernach, wer de mitkommt.

Moritz Jäger *kommt gebückt durch die Tür. Ein strammer, mittelgroßer, rotbäckiger Reservist, die Husarenmütze schief auf dem Kopf, ganze Kleider und Schuhe auf dem Leibe, ein sauberes Hemd ohne Kragen dazu. Eingetreten, nimmt er Stellung und salutiert militärisch. In forschem Ton.* Gu'n Abend, Muhme Baumert!

Mutter Baumert. Nu da, nu da! bist du wieder zu Hause? Hast du uns noch nich vergessen? Nu da setz dich ock. Komm her, setz dich.

Emma, *einen Holzstuhl mit dem Rocke säubernd und Jägern hinschiebend*. Gu'n Abend, Moritz! Willst amal wieder sehn, wie's bei armen Leuten aussieht?

Jäger. Nu sag m'r ock, Emma! ich wollt's ja ni gloob'n. Du hast ja a Jungl, das balde kann Soldate werden. Wo hast d'r d'n den angeschafft?

Bertha, *die dem Vater die wenigen mitgebrachten Lebensmittel abnimmt, Fleisch in eine Pfanne legt und in den Ofen schiebt, während August Feuer anmacht*. Du kennst doch a Finger Weber?

Mutter Baumert. M'r hatt'n 'n doch hier mit im Stiebl. A wollt' se ja nehmen, aber a war doch halt eemal schonn ganz marode uf de Brust. Ich ha doch das Mädel gewarnt genug. Könnt' se woll heern? Nu is a längst tot und vergessen, und die kann sehn, wie s' a Jungen durchbringt. Nu sag m'r ock, Moritz, wie is denn dirsch gangen?

Der alte Baumert. Nu bis ock ganz stille, Mutter, fer den is Brot gewachsen; der lacht uns alle aus; der bringt Kleeder mite wie a Ferscht und an silberne Zylinderuhre und obendruf noch zehn Taler bar Geld.

Jäger, *großpratschig hingepflanzt, im Gesicht ein prahlerisches Schwerenöterlächeln*. Ich kann nich klagen. Mir is's ni schlechtgangen under a Soldaten.

Der alte Baumert. A is Pursche gewest bein Rittmeester. Heer ock, a red't wie de vornehmen Leute.

Jäger. Das feine Sprechen hab' ich mer aso angewehnt, daß iich's gar ni meh loon kann.

Mutter Baumert. Nee, nee, nu sag mir ock! aso a Nischtegutts, wie das gewest is, und kommt aso zu Gelde. Du warscht doch nie nich fer was Gescheuts zu gebrauchen; du konnt'st doch kee Strähnl hintereinander abhaspeln. Ock immerfort naus; Meesekasten ufstelln und Rotkätlsprenkel, das war dir lieber. Nu, is nich wahr?

Jäger. 's is wahr, Muhme Baumert. Ich fing ni ock Kätl, ich fing ooch Schwalben.

Emma. Da konnten mir immerzu reden: Schwalben sind giftich.

Jäger. Das war mir egal. Wie is Euch d'n d'rgangen, Muhme Baumert?

Mutter Baumert. O Jes's, gar gar schlimm in a letzten vier Jahrn. Sieh ock, ich ha halt's Reißen. Sieh d'r bloß amal meine Finger an. Ich weeß halt gar nich, hab' ich an Fluß kriegt oder was? Ich bin d'r halt aso elende! Ich kann d'r kee Glied ni bewegen, 's gloobt's kee Mensch, was ich muß fer Schmerzen derleiden.

Der alte Baumert. Mit der is jetzt gar schlecht. Die macht's ni mehr lange.

Bertha. Am Morgen zieh mersche an, am Abend zieh mersche aus. M'r missen se fittern wie a kleenes Kind.

Mutter Baumert, *fortwährend mit kläglicher, weinerlicher Stimme*. Ich muß mich bedien lassen hinten und vorne. Ich bin mehr als krank. Ich bin ock 'ne Last. Was hab' ich schon a lieben Herrgott gebeten, a soll mich doch bloßich abruffen. O Jes's, o Jes's, das is doch halt zu schlimm mit mir. Ich weeß doch gar nich ... de Leute kennten denken ... aber ich bin doch's Arbeiten gewehnt von Kindheet uf. Ich hab' doch meine Sache immer konnt leisten, und nu uf eemal, – *sie versucht umsonst, sich zu erheben* – 's geht und geht ni mehr. – Ich hab' an guten Mann, und gute Kinder hab' ich, aber wenn ich das soll mit ansehn ...! Wie sehn die Mädel aus!? Kee Blutt haben se bald ni mehr in sich. An Farbe harben se wie de Leintiecher. Das geht doch immer egal fort mit dem Schemeltreten, ob's aso an Mädel dient oder nich. Was hab'n die fer a bißl Leben, 's ganze Jahr kommen si nich vom Bänkl runter. Ni amal a paar Klunkern hab'n se sich derschind't, daß se sich kennten d'rmite bedeck'n und kennten sich amal vor a Leuten sehn lassen oder an Schritt in die Kirche machen und kennten sich amal 'ne Erquickung holen. Aussehn tun se wie de Galgengeschlinke, junge Mädel von funfzehn und zwanzig.

Bertha, *am Ofen*. Nu das raucht wieder aso a bißl!

Der alte Baumert. Nu, da sieh ock den Rauch. Na, da nimm amal an, kann woll hier Wandel wern? A sterzt heilig bald ein, d'r Owen. Mir missen 'n sterzen lassen, und a Ruß, den missen m'r schlucken. Mir husten alle, eener mehr wie d'r andre. Was hust't, hust't, und wenn's uns derwircht und wenn gleich de Plauze mitegeht, da frägt uns ooch noch kee Mensch dernach.

Jäger. Das is doch Ansorchens Sache, das muß a doch ausbessern.

Bertha. Der wird uns woll ansehn. A muckscht aso mehr wie genug.

Mutter Baumert. Dem nehmen m'r aso schonn zuviel Platz weg.

Der alte Baumert. Und wemmer erscht uffmucken, da fliegen mer naus. A hat bald a halb Jahr keene Mietzinse ni besehn.

Mutter Baumert. Aso a eelitzicher Mann, der kennte doch umgänglich sein.

Der alte Baumert. A hat au nischt, Mutter, 's geht'n o beese genug, wenn aooch keen'n Staat macht mit seiner Not.

Mutter Baumert. A hat doch sei Haus.

Der alte Baumert. Nee, Mutter, was redst'n. An dem Hause dahier, da is ooch noch nich a klee Splitterle seine.

Jäger *hat sich gesetzt und eine kurze Pfeife mit schönen Quasten aus der einen, eine Quartflasche Branntwein aus der andern Rocktasche geholt*. Das kann auch hier bald ni mehr aso weitergehn. Ich hab' mei Wunder gesehn, wie das hierum aso aussieht under a Leuten. Da leben ja in a Städten de Hunde noch besser wie ihr.

Der alte Baumert, *eifrig*. Gelt, gelt ock? Du weeßt's auch!? Und sagt man a Wort, da heeßt's bloß, 's sein schlechte Zeiten.

Ansorge *kommt, ein irdenes Näpfchen mit Suppe in der einen, in der anderen Hand einen halb fertiggeflochtenen Viertelkorb*. Willkommen, Moritz! Bist du auch wieder da?

Jäger. Scheen Dank, Vater Ansorge.

Ansorge, *sein Näpfchen ins Röhr schiebend*. Nu sag m'r ock an: du siehst ja bald aus wie a Graf.

Der alte Baumert. Zeich amal dei scheen Uhrla. A hat'n neuen Anzug mitgebracht und zehn Taler bar Geld.

Ansorge, *kopfschüttelnd*. Nu jaja! – Nu nee nee! –

Emma, *die Kartoffelschalen in ein Säckchen füllend*. Nu will ich ock gehn mit a Schaln. Vielleicht wird's langen uf a Neegl Abgelassene. *Sie entfernt sich.*

Jäger, *während alle mit Spannung und Hingebung auf ihn achten*. Na nu nehmt amal an: wie oft habt ihr m'r nich de Helle heiß gemacht. Dir wern se Moritz lehrn, hiß 's immer, wart ock, wenn de wirscht zum Militär kommen. Na nu seht ersch, mir is gar gutt gegangen. A halb Jahr, da hatt' ich de Kneppe. Willich muß man sein, das is 's Haupt. Ich ha'n Wachtmeister de Stieweln geputzt; ich ha'n 's Ferd gestriegelt, Bier geholt. Ich war aso gefirre wie a Wieslichen. Und uf'n Posten war ich: Schwerkanon ja, mei Zeug, das mußt' ock immer aso finkeln. Ich war d'r erschte im Stalle, d'r erschte beim Appell, d'r erschte im Sattel; und wenn's zur Attacke ging – marsch marsch! heiliges Kanonrohr, Kreuzdonnerschlag, Herrrdumeinegitte!! Und ufgepaßt hab' ich wie a Schißhund. Ich dacht' halt immer: hier hilft's nischt, hier mußt de dran glooben; und da rafft' ich m'r halt a Kopp zusammen, und da ging's ooch; und da kam's aso weit, daß d'r Rittmeester und sagte vor d'r ganzen Schwadron ieber mich: das is ein Husar, wie a sein muß. *Stille. Er setzt die Pfeife in Brand.*

Ansorge, *kopfschüttelnd*. Da hast du aso a Glicke gehabt?! Nu jaja! – nu nee nee! *Er setzt sich auf den Boden, die Weidenruten neben sich, und flickt, ihn zwischen den Beinen haltend, an seinem Korbe weiter.*

Der alte Baumert. Da wolln m'r hoffen, daß de uns dei Glicke mitebringst. – Nu soll mer woll amal mittrinken?

Jäger. Nu ganz natierlich, Vater Baumert, und wenn's alle is, kommt mehr. *Er schlägt ein Geldstück auf den Tisch.*

Ansorge, *mit blödem, grinsendem Erstaunen.* O mei, mei, das gieht ja hier zu ... da kreescht a Braten, da steht a Quart Branntwein, – *er trinkt aus der Flasche* – sollst leben, Moritz! Nu jaja! nu nee nee! *Von jetzt an wandert die Schnapsflasche.*

Der alte Baumert. Kennten m'r nich zum wenigsten zu allen heilichen Zeiten aso a Stickl Gebratnes hab'n, statts daß ma kee Fleisch zu sehn kriecht ieber Jahr und Tag? – Aso muß ma warten, bis een wieder amal aso a Hundl zulauft wie das hier vor vier Wochen: und das kommt ni ofte vor im Leben.

Ansorge. Hast du Ami'n schlachten lassen?

Der alte Baumert. Ob a m'r vollens ooch noch derhungern tat ...

Ansorge. Nu jaja – nu nee nee.

Mutter Baumert. Und war aso a nette, betulich Hundl.

Jäger. Seid ihr hierum immer noch aso happich uf Hundebraten?

Der alte Baumert. O Jes's, Jes's, wenn m'r ock und hätt'n 'n genug.

Mutter Baumert. Nu da da, aso a Stickl Fleesch is gar ratlich.

Der alte Baumert. Hast du keen'n Geschmack ni mehr uf so was? Nu da bleib ock bei uns hier, Moritz, da werd a sich bald wieder einfinden.

Ansorge, *schnüffelnd.* Nu jaja – nu nee nee, das is ooch noch 'ne Guttschmecke – das macht gar a lieblich Gerichl.

Der alte Baumert, *schnüffelnd.* D'r reene Zimt, mecht' man sprechen.

Ansorge. Nu sag uns amal deine Meinung, Moritz. Du weißt doch, wie's in d'r Welt draußen zugeht. Werd das nu hier amal andersch werden mit uns Webern, oder wie?

Jäger. Ma sollt's wirklich hoffen.

Ansorge. Mir kenn d'r nich leben und nich sterben hier oben. Uns geht's leider beese, kannst's glooben. Eener wehrt sich bis ufs Blutt. Zuletzt muß man sich dreingeb'n. De Not frißt een's Dach ieberm Koppe und a

Boden unter a Fießen. Frieher, da man noch am Stuhle arbeiten konnte, da hat man sich halbwegens mit Kummer und Not doch kunnt aso durchschlag'n. Heute kann ich m'r schonn ieber Jahr und Tag kee Stickl Arbeit mehr erobern. Mit der Korbflechterei is ooch ock, daß man sei bißl Leben aso hinfristen tutt. Ich flechte bis in de Nacht nein, und wenn ich ins Bette falle, da hab' ich an Beehmen und sechs Fenniche derschind't. Du hast doch Bildung, nu da sag amal selber, kann da woll a Auskommen sein bei der Teurung? Drei Taler muß ich hinschmeißen uf Haussteuer, een'n Taler uf Grundabgaben, drei Taler uf Hauszinse. Vierzehn Taler kann ich Verdienst rechen. Bleib'n fer mich sieben Taler ufs ganze Jahr. Dadervon soll ma sich nu bekochen, beheizen, bekleiden, beschuhn, ma soll sich bestricken und beflicken, a Quartier muß ma hab'n und was da noch alles kommt. – Is 's da a Wunder, wenn man de Zinse ni zahln kann?

Der alte Baumert. 's mißt amal eener hingehn nach Berlin und mißt's 'n Keeniche vorstelln, wie's uns aso geht.

Jäger. Ooch nich aso viel nutzt das, Vater Baumert. 's sein er schonn genug in a Zeitungen druf zu sprechen gekommen. Aber die Reichen, die drehn und die wenden an Sache aso ... die ieberteifeln a besten Christen.

Der alte Baumert, *kopfschüttelnd*. Daß se in Berlin den Pli nich hab'n!

Ansorge. Sag du amal, Moritz, kann das woll meeglich sein? Is da gar kee Gesetze d'rfor? Wenn eens nu und schind't sich's Bast von a Händen und kann doch seine Zinse ni ufbringen, kann m'r d'r Pauer mei Häusl da wegnehmen? 's is halt a Pauer, der will sei Geld hab'n. Nu weeß ich gar nich, was de noch wern soll? – Wenn ich halt und ich muß aus dem Häusl nausgehn ... *Durch Tränen hervorwürgend*. Hier bin ich geborn, hier hat mei Vater am Webstuhle gesessen, mehr wie virzig Jahr. Wie oft hat a zu Muttern gesagt: Mutter, wenn's mit mir amal a Ende nimmt, das Häusl halt feste. Das Häusl hab' ich errobert, meent' a iebersche. Hie is jeder Nagel an durchwachte Nacht, a jeder Balken a Jahr trocken Brot. Da mißt' ma doch denken ...

Jäger. Die nehmen een's Letzte, die sein's kumpabel.

Ansorge. Nu jaja! – nu nee nee! Kommt's aber aso weit, da wär' mirsch schonn lieber, se triegen mich naus, statts daß ich uf meine alten Tage noch nauslaufen mißte. Das bißl Sterben da! Mei Vater starb ooch gerne genug. – Ock ganz um de Letzte, da wollt'n a bißl angst wern. Wie ich aber zu'n ins Bette kroch, da wurd' a ooch wieder stille. – Wenn ma's aso bedenkt: dazemal war ich a Jungl von dreizehn Jahrn. Miede war ich, und da schlief ich halt ein, bei dem kranken Manne – ich verstand's doch nich besser –, und da ich halt ufwachte, war a schonn kalt.

Mutter Baumert, *nach einer Pause*. Greif amal ins Röhr, Bertha, und reich Ansorgen de Suppe.

Bertha. Dahier eßt, Vater Ansorge!

Ansorge, *unter Tränen essend*. Nu nee nee – – nu jaja!

Der alte Baumert hat angefangen, das Fleisch aus der Pfanne zu essen.

Mutter Baumert. Nu, Vater, Vater, du wirscht dich doch gedulden kenn'n. Laß ock Berthan vor richtich vorschirrn.

Der alte Baumert, *kauend*. Vor zwee Jahren war ich's letzte Mal zum Abendmahle. Gleich dernach verkooft' ich a Gottstischrock. Dadervon kooften m'r a Stickl Schweinernes. Seitdem da hab' ich kee Fleesch ni mehr gessen bis heut abend.

Jäger. Mir brauchen o erscht kee Fleesch, fer uns essen's de Fabrikanten. Die waten im Fette rum bis hieher. Wer das ni gloobt, der brauch ock nuntergehn nach Bielau und nach Peterschwalde. Da kann ma sei Wunder sehn: immer e Fabrikantenschloß hintern andern. Immer e Palast hintern andern. Mit Spiegelscheiben und Türmeln und eisernen Zäunen. Nee, nee, da spiert keener nischt von schlechten Zeiten. Da langt's uf Gebratnes und Gebacknes, uf Eklipaschen und Kutschen, uf Guvernanten und wer weeß was. Die sticht d'r Haber aso sehr! Die wissen gar nich, was de schnell anstelln vor Reechtum und Iebermut.

Ansorge. In a alten Zeiten da war das ganz a ander Ding. Da ließen de Fabrikanten a Weber mitleben. Heute da bringen se alles alleene durch.

Das kommt aber daher, sprech' ich: d'r hohe Stand gloobt ni mehr a keen Herrgott und keen Teiwel ooch nich. Da wissen se nischt von Geboten und Strafen. Da stehln se uns halt a letzten Bissen Brot und schwächen und untergraben uns das bißl Nahrung, wo se kenn'n. Von den Leuten kommt's ganze Unglicke. Wenn unsere Fabrikanten und wärn gute Menschen, da wärn ooch fer uns keene schlechten Zeiten sein.

Jäger. Da paßt amal uf, da wer ich euch amal was Scheenes vorlesen. *Er zieht einige Papierblättchen aus der Tasche*. Komm, August, renn in de Schelzerei und hol noch a Quart. Nu, August, du lachst ja in een Biegen fort.

Mutter Baumert. Ich weeß nich, was mit dem Jungen is, dem geht's immer gutt. Der lacht sich de Hucke voll, mag's kommen, wie's will. Na, feder, feder! *August ab mit der leeren Schnapsflasche*. Gelt ock, Alter, du weeßt, was gutt schmeckt?

Der alte Baumert, *kauend, vom Essen und Trinken mutig erregt*. Moritz, du bist unser Mann. Du kannst lesen und schreiben. Du weeßt's, wie's um de Weberei bestellt is. Du hast a Herze fer de arme Weberbevelkerung. Du sollt'st unsere Sache amal in de Hand nehmen dahier.

Jäger. Wenn's mehr ni is. Das sollte mir ni druf ankommen; dahier! den alten Fabrikantenräudeln, den wollt' ich viel zu gerne amal a Liedl ufspieln. Ich tät' m'r nischt draus machen. Ich bin a umgänglicher Kerl, aber wenn ich amal falsch wer und ich krieg's mit der Wut, da nehm' ich Dreißichern in de eene, Dittrichen in de andre Hand und schlag' se mit a Keppen an'nander, daß'n 's Feuer aus a Augen springt. – Wenn mir und mer kennten's ufbringen, daß m'r zusammenhielten, da kennt m'r a Fabrikanten amal an solchen Krach machen ... Da braucht m'r keen'n Keenich derzu und keene Regierung, da kennten m'r eenfach sagen: mir wolln das und das und aso und aso ni, und da werd's bald aus een'n ganz andern Loche feifen dahier. Wenn die ock sehn, daß ma Krien hat, da ziehn se bald Leine. Die Betbrieder kenn' ich! Das sein gar feige Luder.

Mutter Baumert, 's is wirklich bald wahr. Ich bin gewiß ni schlecht. Ich bin gewiß immer diejenigte gewest, die gesagt hat, die reichen Leute missen ooch sein. Aber wenn's aso kommt ...

Jäger. Vor mir kennte d'r Teiwel alle holn, der Rasse vergennt' ich's.

Bertha. Wo is denn Vater? *Der alte Baumert hat sich stillschweigend entfernt.*

Mutter Baumert. Ich weeß nich, wo a mag hin sein.

Bertha. Is etwan, daß a das Fleescherne ni mehr gewehnt is?!

Mutter Baumert, *außer sich, weinend*. Nu da seht ihrsch, nu da seht ihrsch! Da bleibt's 'n noch ni amal. Da wird a das ganze bissel scheenes Essen wieder von sich geben.

Der alte Baumert *kommt wieder, weinend vor Ingrimm*. Nee, nee! mit mir is bald gar alle. Mich hab'n se bald aso weit! Hat man sich amal was Guttes dergattert, da kann ma's ni amal mehr bei sich behalt'n. *Er sitzt weinend nieder auf die Ofenbank.*

Jäger, *in plötzlicher Aufwallung, fanatisch*. Und daderbei gibt's Leute, Gerichtsschulzen, gar nich weit von hier, Schmärwampen, die de's ganze Jahr nischt weiter zu tun haben, wie unsern Herrgott im Himmel a Tag abstehln. Die wolln behaupten, de Weber kennten gutt und gerne auskommen, se wärn bloß zu faul.

Ansorge. Das sein gar keene Mensche. Das sein Unmensche sein das.

Jäger. Nu laß ock gutt sein, a hat sei Fett. Ich und d'r rote Bäcker, mir hab'n 's 'n eingetränkt, und bevor m'r abzogen zu guter Letzte, sangen m'r noch's „Bluttgerichte".

Ansorge. O Jes's, Jes's, is das das Lied?

Jäger. Ja, ja, hie hab' ich's.

Ansorge. 's heeßt doch, gloob' ich, 's Dreißicherlied oder wie.

Jäger. Ich wersch amal vorlesen.

Mutter Baumert. Wer hat denn das Lied derfund'n?

Jäger. Das weeß kee Mensch nich. Nu heert amal druf. *Er liest, schülerhaft buchstabierend, schlecht betonend, aber mit unverkennbar starkem Gefühl. Alles klingt heraus: Verzweiflung, Schmerz, Wut, Haß, Rachedurst.*

> Hier im Ort ist ein Gericht,
> noch schlimmer als die Femen,
> wo man nicht erst ein Urteil spricht,
> das Leben schnell zu nehmen.

> Hier wird der Mensch langsam gequält,
> hier ist die Folterkammer,
> hier werden Seufzer viel gezählt
> als Zeugen von dem Jammer.

Der alte Baumert *hat, von den Worten des Liedes gepackt und im tiefsten aufgerüttelt, mehrmals nur mühsam der Versuchung widerstanden, Jäger zu unterbrechen. Nun geht alles mit ihm durch: stammelnd, unter Lachen und Weinen, zu seiner Frau*. Hier ist die Folterkammer. Der das geschrieben, Mutter, der sagt die Wahrheet. Das kannst du bezeugen ... Wie heeßt's? Hier werden Seufzer ... wie? hie wern se viel gezählt ...

Jäger .... als Zeugen von dem Jammer.

Der alte Baumert. Du weeßt's, was mir aso seufz'n een'n Tag um a andern, ob m'r stehn oder liegen.

Jäger, *während Ansorge, ohne weilerzuarbeiten, in tiefer Erschütterung zusammengesunken dasitzt, Mutter Baumert und Bertha fortwährend die Augen wischen, fährt fort zu lesen.*

> Die Herrn Dreißiger die Henker sind,
> die Diener ihre Schergen,
> davon ein jeder tapfer schind't,
> anstatt was zu verbergen.

Ihr Schurken all, ihr Satansbrut ...

Der alte Baumert, *mit zitternder Wut den Boden stampfend*. Ja, Satansbrut!!!

Jäger *liest*.

... ihr höllischen Kujone,
ihr freßt der Armen Hab und Gut,
und Fluch wird euch zum Lohne.

Ansorge. Nu jaja, das is auch an Fluch wert.

Der alte Baumert, *die Faust ballend, drohend*. Ihr freßt der Armen Hab und Gut –!

Jäger *liest*.

Hier hilft kein Bitten und kein Flehn,
umsonst ist alles Klagen.
„Gefällt's euch nicht, so könnt ihr gehn
am Hungertuche nagen."

Der alte Baumert. Wie steht's? Umsonst ist alles Klagen? Jedes Wort ... jedes Wort ... da is all's aso richtig wie in d'r Bibel. Hier hilft kein Bitten und kein Flehn!

Ansorge. Nu jaja! nu nee nee! da tutt schonn nischt helfen.

Jäger *liest*.

Nun denke man sich diese Not
und Elend dieser Armen,
zu Haus oft keinen Bissen Brot,
ist das nicht zum Erbarmen?

Erbarmen, ha! ein schön Gefühl,
euch Kannibalen fremde,
ein jedes kennt schon euer Ziel,
's ist der Armen Haut und Hemde.

Der alte Baumert *springt auf, hingerissen zu deliranter Raserei.* Haut und Hemde. All's richtig, 's is der Armut Haut und Hemde. Hier steh' ich, Robert Baumert, Webermeister von Kaschbach. Wer kann vortreten und sag'n ... Ich bin ein braver Mensch gewest mei lebelang, und nu seht mich an! Was hab' ich davon? Wie seh' ich aus? Was hab'n se aus mir gemacht? Hier wird der Mensch langsam gequält. *Er reckt seine Arme hin.* Dahier, greift amal an, Haut und Knochen. Ihr Schurken all, ihr Satansbrut!! *Er bricht weinend vor verzweifeltem Ingrimm auf einem Stuhl zusammen.*

Ansorge *schleudert den Korb in die Ecke, erhebt sich, am ganzen Leibe zitternd vor Wut, stammelt hervor.* Und das muß anderscher wern, Sprech' ich, jetzt uf der Stelle. Mir leiden's ni mehr! Mir leiden's ni mehr, mag kommen, was will.

Dritter Akt

Die Schenkstube im Mittelkretscham zu Peterswaldau, ein großer Raum, dessen Balkendecke durch einen hölzernen Mittelpfeiler, um den ein Tisch läuft, gestützt ist. Rechts von dem Pfeiler, so daß nur der Pfosten verdeckt wird, liegt die Eingangstür in der Hinterwand. Man sieht durch sie in den großen Hausraum, der Fässer und Brauergerät enthält. Im Innern, rechts von der Tür in der Ecke, befindet sich das Schenksims: eine hölzerne Scheidewand von Mannshöhe mit Fächern für Schankutensilien; dahinter ein Wandschrank, enthaltend Reihen von Schnapsflaschen; zwischen Scheidewand und Likörschrank ein kleiner Platz für den Schenkwirt. Vor dem Schenksims steht ein mit bunter Decke gezierter Tisch. Eine hübsche Lampe hängt darüber, mehrere Rohrstühle stehen darum. Unweit davon an der rechten Wand führt eine Tür mit der Aufschrift „Weinstube" ins

Honoratiorenstübchen. Noch weiter vorn rechts tickt die alte Standuhr. Links von der Eingangstür an der Hinterwand steht ein Tisch mit Flaschen und Gläsern und weiterhin in der Ecke der große Kachelofen. Die linke Seitenwand hat drei kleine Fenster, darunter hinlaufend eine Bank, davor je einen großen hölzernen Tisch, die schmale Seite der Wand zugekehrt. An den Breitseiten der Tische stehen Bänke mit Lehnen, an den inneren Schmalseiten je ein einzelner Holzstuhl. Das große Lokal ist blau getüncht, mit Plakaten, bunten Bilderbogen und Öldrucken behangen, darunter das Porträt Friedrich Wilhelms IV.

Scholz Welzel, ein gutmütiger Koloß von über fünfzig Jahren, läßt hinter dem Schenksims Bier aus einem Fasse in ein Glas laufen. Frau Welzel plättet am Ofen. Sie ist eine stattliche, sauber gekleidete Frau von noch nicht fünfunddreißig Jahren. Anna Welzel, eine siebzehnjährige, hübsche Person mit prachtvollen rotblonden Haaren, sitzt, proper gekleidet und mit einer Stickarbeit beschäftigt, hinter dem gedeckten Tisch. Einen Augenblick blickt sie von der Arbeit auf und lauscht, denn aus der Ferne kommen Töne eines von Schulkindern gesungenen Grabchorals. Meister Wiegand, der Tischler, sitzt an dem gleichen Tisch in seiner Arbeitstracht hinter einem Glase bayrischen Bieres. Er ist ein Mann, dem man anmerkt: er weiß, worauf es in der Welt ankommt, wenn man ein Ziel erreichen will, nämlich auf Pfiffigkeit, Schnelligkeit und rücksichtsloses Fortschreiten. Ein Reisender am Säulentisch kaut mit Eifer an einem deutschen Beefsteak. Er ist mittelgroß, wohlgenährt, wohlaufgeschwemmt, aufgelegt zur Heiterkeit, lebhaft und frech. Er trägt sich modern. Seine Reiseeffekten, Tasche, Musterkoffer, Schirm, Überzieher und Plüschdecke, liegen neben ihm auf Stühlen.

Welzel, *dem Reisenden ein Glas Bier zutragend, seitwärts zu Wiegand.* 's is ja heute d'r Teifel los in dem Peterschwalde.

Wiegand, *mit einer scharfen, trompetenden Stimme*. Nu, 's is halt doch Liefertag bei Dreißichern oben.

Frau Welzel. 's ging aber doch sonste nich aso lebhaft zu.

Wiegand. Nu, 's kennde vielleicht sein, 's wär' wegen da zweehundert neuen Webern, die a will noch annehmen jetzte.

Frau Welzel, *immer plättend*. Ja, ja, das wird's sein. Will a zweehundert, da wern er woll sechshundert kommen sein. M'r hab'n 'r ja genug von der Sorte.

Wiegand. O Jes's, Jes's, die langen zu. Und wenn's den ooch schlecht geht, die sterben ni aus. Die setzen mehr Kinder in de Welt, wie mer gebrauchen kenn'n. *Der Choral wird einen Augenblick stärker hörbar*. Nu kommt au noch das Begräbnis d'rzu. D'r Fabich Weber is doch gestorben.

Welzel. Der hat lange genug gemacht. Der lief doch schonn ieber Jahr und Tag ooch bloß rum wie a Gespenste.

Wiegand. Kannst's glooben, Welzel, aso a klee numpern Särgl, aso a rasnich klee, winzich Dingl, das hab' ich doch noch keemal ni zusammengeleimt. Das war d'r a Leichl, das wog noch nich neunzig Fund.

Der Reisende, *kauend*. Ich verstehe bloß nich ... wo man hinblickt, in irgend 'ne Zeitung, da liest man die schauerlichsten Geschichten von der Webernot, da kriegt man einen Begriff von der Sache, als wenn hier die Leute alle schon dreiviertel verhungert wären. Und wenn man dann so'n Begräbnis sieht. Ich kam grade im Dorfe rein. Blechmusik, Schullehrer, Schulkinder, der Pastor und ein Zopp Menschen hinterdrein, Herrgott, als wenn der Kaiser von China begraben würde. Ja, wenn die Leute das noch bezahlen können ...! *Er trinkt Bier. Nachdem er das Glas wieder hingestellt, plötzlich mit frivoler Leichtigkeit*. Nich wahr, Fräulein? Hab' ich nich recht?

Anna *lächelt verlegen und stickt eifrig weiter*.

Der Reisende. Gewiß 'n Paar Morgenschuhe für'n Herrn Papa.

Welzel. Oh, ich mag solche Dinger erseht nich an a Fuß ziehn.

Der Reisende. Na hörn Sie mal an! Mein halbes Vermögen gäb' ich, wenn die Pantoffeln für mich wärn.

Frau Welzel. Fer so was, da hat er eemal kee Verständnis nich.

Wiegand, *nachdem er mehrmals gehüstelt, mit dem Stuhle gerückt und einen Anlauf zum Reden genommen hat*. Der Herr haben sich ieber das Begräbnis wunderlich ausgedrückt. Nu sagen Sie mal, junge Frau, das is doch'n kleines Leichenbegängnis?

Der Reisende. Ja, da frag' ich mich aber ... Das muß doch barbarisch Geld kosten. Wo kriegen die Leute das Geld nu her?

Wiegand. Se werden ergebenst entschuldigen, mein Herr, das is so 'ne Unverständlichkeit unter der hiesigen armen Bevölkerungsklasse. Mit Erlaubnis zu sagen, die machen sich so 'ne iebertriebliche Vorstellichkeit von wegen der schuldigen Ehrfurcht und pflichtmäßigen Schuldigkeit gegen selig entschlafene Hinterbliebene. Wenn das und sind gar verstorbene Eltern, da is das nu so ein Aberglaube, da wird von den nächsten Nachkommen und Erblassern das Letzte zusammengekratzt, und was die Kinder nich auftreiben, das wird von den nächsten Magnaten geborgt. Und da kommen die Schulden bis ieber die Ohren; Hochwürden der Pastor wird verschuldet, der Küster und was da alles fer Leute herumstehn. Und das Getränk und das Essen und dergleichen Notdurft. Nee, nee, ich lobe mir respektive Kindlichkeit, aber nich, daß die Leidtragenden ihr ganzes Leben unter Verpflichtungen davor gedrückt werden.

Der Reisende. Erlauben Sie mal, das müßte doch der Pastor den Leuten ausreden.

Wiegand. Se werden ergebenst entschuldigen, mein Herr, ich muß hier befürworten, daß jede kleine Gemeinde ihr kirchliches Gotteshaus hat und ihren Seelenhirten Hochwürden erhalten muß. An so 'nem großen

Begräbnisfest, da hat die hohe Geistlichkeit ihre scheene Iebervorteilung. Desto zahlreicher so eine Grablegung gehandhabt wird, je umfänglicher auch die Offertorien fließen. Wer die hiesigen arbeitenden Verhältnisse kennt, der kann mit unmaßgeblicher Bestimmtheit behaupten, die Herren Farrer dulden bloß widerstreblich die stillen Begräbnisse.

Hornig *kommt. Kleiner, O-beiniger Alter, ein Ziehband um Schulter und Brust. Er ist Lumpensammler.* Scheen gu'n Tag ooch. An eefache mecht' ich bitten. Na, junge Frau, hab'n Se was Lumpiges? Jungfer Anna! Scheene Zoppbändl, Hemdbändl. Strumpbändl hab' ich im Wägl, scheene Stecknadeln, Haarnadeln, Häkel und Esel. Alles geb' ich fer a paar Lumpen. *In verändertem Tone.* Von den Lumpen da wird a scheen weiß Papierl gemacht, und da schreibt der liebe Schatz a hibsch Briefl druf.

Anna. Oh, ich bedank' mich, ich mag keen'n Schatz.

Frau Welzel, *einen Bolzen einlegend.* Aso is das Mädel. Vom Heiraten will se nischt wissen.

Der Reisende *springt auf, scheinbar freudig überrascht, tritt an den gedeckten Tisch und streckt Anna die Hand hinüber.* Das is gescheit, Fräulein, machen Sie's wie ich. Topp! Geben Sie mir den Patsch! Wir beide bleiben ledig.

Anna, *puterrot, gibt ihm die Hand.* Nun, Sie sein doch schon verheiratet?!

Der Reisende. I Gott bewahre, ich tu' bloß so. Sie denken wohl, weil ich den Ring trage?! Ach, den habe ich bloß an den Finger gesteckt, um meine bestrickende Persönlichkeit vor unlauteren Angriffen zu schützen. Vor Ihnen fürchte ich mich nicht. *Er steckt den Ring in die Tasche.* – Sagen Sie mal im Ernst, Fräulein, wollen Sie sich niemals auch nur so'n ganz kleenes bissel verheiraten?

Anna, *kopfschüttelnd.* O wärsch doch!

Frau Welzel. Die bleibt Ihn ledich, odersch muß was sehr Rares sein.

Der Reisende. Nu warum auch nich? 'n reicher schlesischer Magnat hat die Kammer Jungfer seiner Mutter geheiratet, und der reiche Fabrikant Dreißiger hat ja auch 'ne Scholzentochter genommen. Die is nich halb so hibsch wie Sie, Fräulein, und fährt jetzt fein in Equipage mit Livreediener. Warum d'n nich? *Er geht umher, sich dehnend und die Beine vertretend*. Eine Tasse Kaffee wer ich trinken.

Ansorge und Der alte Baumert kommen, jeder mit einem Pack, und setzen sich still und demütig zu Hornig an den vordersten Tisch links.

Welzel. Willkommen! Vater Ansorge, sieht man dich wieder amal?!

Hornig. Kommst du ooch noch amal aus dein'n verräucherten Geniste gekrochen?

Ansorge, *unbeholfen und sichtlich verlegen*. Ich hab' m'r wieder amal 'ne Werfte geholt.

Der alte Baumert. A will fer zehn Beehmen arbeiten.

Ansorge. Ich hätt's ni gemacht, aber mit der Korbflechterei hat's auch a Ende genommen.

Wiegand. 's is immer besser wie nischt. A tut's ja ock, daß d'r 'ne Beschäftigung habt. Ich bin sehr gut bekannt mit Dreißigern. Vor acht Tagen nahm ich'n de Doppelfenster raus. Da red'ten m'r drieber. A tut's bloß aus Barmherzigkeet.

Ansorge. Nu jaja – nu nee nee.

Welzel, *den Webern je einen Schnaps vorsetzend*. Hie wird sein. Nu sag amal, Ansorge. Wie lange hast du dich ni mehr rasiern lossen? – Der Herr mecht's gerne wissen.

Der Reisende *ruft herüber*. Ach, Herr Wirt, das hab' ich doch nich gesagt. Der Herr Webermeister ist mir nur aufgefallen durch sein ehrwürdiges Aussehen. Solche Hünengestalten bekommt man nicht oft zu sehn.

Ansorge *kraut sich verlegen den Kopf.* Nu jaja – nu nee nee.

Der Reisende. Solche urkräftige Naturmenschen sind heutzutage sehr selten. Wir sind von der Kultur so beleckt ... aber ich hab' noch Freude an der Urwüchsigkeit. Buschige Augenbrauen! So'n wilder Bart ...

Hornig. Nu sehn S' ock, werter Herr, ich wer Ihn amal was sag'n: bei da Leuten da langt's halt ni uf a Balbier, und a Rasiermesser kenn se sich schonn lange ni derschwingen. Was wächst, wächst. Uf a äußern Menschen kenn die nischt nich verwenden.

Der Reisende. Aber ich bitte Sie, lieber Mann, wo wer ich denn ... *Leise zum Wirt.* Darf man dem Haarmenschen 'n Glas Bier anbieten?

Welzel. I beileibe, der nimmt nischt. Der hat gar kom'sche Mucken.

Der Reisende. Na, dann nich. Erlauben Sie, Fräulein? *Er nimmt an dem gedeckten Tische Platz.* Ich kann Sie versichern, Ihr Haar sticht mir schon, seit ich reinkam, derart in die Augen, dieser matte Glanz, diese Weichheit, diese Fülle! *Er küßt gleichsam entzückt seine Fingerspitzen.* Und diese Farbe ... wie reifer Weizen. Wenn Sie mit dem Haar nach Berlin kommen, Sie machen Furore. Parole d'honneur, mit dem Haar können Sie an den Hof gehen ... *Zurückgelehnt das Haar betrachtend.* Prachtvoll, einfach prachtvoll.

Wiegand. Derwegen hat se ja auch eine scheene Benennung erfahren.

Der Reisende. Wie heißt sie denn da?

Anna *lacht immerfort in sich hinein.* Oh, heern Se nich drauf!

Hornig. Das is doch d'r Fuchs, ni wahr?

Welzel. Nu heert aber uf! Macht m'r das Mädel ni noch vollens gar verdreht! Se hab'n 'r schonn Raupen genug in a Kopp gesetzt. Heute will se an Grawen, morgen soll's schonn a Firscht sein.

Frau Welzel. Mach du das Mädel ni schlecht, Mann! Das is kee Verbrechen, wenn d'r Mensch will vorwärtskommen. Aso wie du freilich denkst, aso denken ni alle. Das war' auch ni gutt, da kam' keener vom

Flecke, da blieben se alle sitzen. Wenn Dreißigers Großvater aso hätte gedacht, da war' a woll sein a armer Weber geblieben. Itzt sein se steinreich. D'r alte Tromtra war o nich mehr wie a armer Weber, nu hat a zwelf Rittergieter und is obendruf adlig geworn.

Wiegand. Alles, was de recht is, Welzel. In der Sache da is deine Frau uf'm rechtlichen Wege. Das kann ich underfertigen. Hätt' ich aso wie du gedacht, wo wern ock itzt meine sieben Gesellen?

Hornig. Du weeßt druf zu laufen, das muß dir d'r Neid lassen. Wenn d'r Weber noch uf zwee Been rumlauft, da machst du'n schonn a Sarg fertig.

Wiegand. Wer de will mitkummen, muß sich derzuhalten.

Hornig. Ja, ja, du hälst dich o noch derzu. Du weeßt besser wie a Doktor, wenn d'r Tod um a Weberkindl kommt.

Wiegand, *kaum noch lächelnd, plötzlich wütend*. Und du weeßt's besser wie de Pol'zei, wo de Nipper sitzen unter a Webern und die de sich jede Woche a hibsch Neegl Spuln iebrigmachen. Du kommst nach Lumpen und nimmst o a Feifl Schußgarn, wenn's druf ankommt.

Hornig. Und dei Weizen blieht uf'm Kirchhowe. Je mehr daß uf de Hobelspäne schlafen gehn, um desto besser fer dich. Wenn du die vielen Kindergräbl ansiehst, da kloppst du d'r uf a Bauch und sagst: 's war heuer wieder a gudes Jahr; die kleen'n Kreppe sein wieder gefalln wie de Maikäwer von a Bäumen. Da kann ich m'r wieder a Quart zulegen de Woche.

Wiegand. Derwegen da wär' ich noch lange kee Hehler.

Hornig. Du machst heechstens amal an reichen Parchentfabrikanten an toppelte Rechnung oder holst a paar iebrige Brettel von Dreißijersch Bau, wenn d'r Mond amal grade ni scheint.

Wiegand, *ihm den Rücken wendend*. Oh, räd du, mit wem de willst, ock mit mir nich. *Plötzlich wieder*. Lügenhornich!!

Hornig. Totentischler!

Wiegand, *zu den Anwesenden*. A kann's Vieh behexen.

Hornig. Sieh dich vor, sag' ich d'r bloß, sonst mach' ich amal mei Zeichen. *Wiegand wird bleich.*

Frau Welzel *war hinausgegangen und setzt nun dem Reisenden Kaffee vor*. Soll ich Ihn'n a Kaffee lieber ins Stiebl tragen?

Der Reisende. I, was denken Sie! *Mit einem schmachtenden Blick auf Anna*. Hier will ich sitzen, bis ich sterbe.

Ein junger Förster und ein Bauer, *der letztere mit einer Peitsche, kommen. Beide*. Gu'n Mittag! *Sie bleiben am Schenksims stehen.*

Der Bauer. Zwee Ingwer mechten mir hab'n.

Welzel. Willkommen mitnander! *Er gießt das Verlangte ein; die beiden ergreifen die Gläschen, stoßen damit an, trinken davon und stellen sie auf das Schenksims.*

Der Reisende. Nun, Herr Förster, tüchtigen Marsch gemacht?

Der Förster, 's geht. Ich komme von Steinseifferschdorf.

Erster und zweiter alter Weber *kommen und setzen sich zu Ansorge, Baumert und Hornig.*

Der Reisende. Entschuldigen Sie, sind Sie Gräflich Hochheimscher Förster?

Der Förster. Gräflich Keilsch bin ich.

Der Reisende. Freilich, freilich, das wollt' ich ja auch sagen. Es is hier zu schlimm mit den vielen Grafen und Baronen und Freiherrlichen Gnaden. Man muß'n Riesengedächtnis hab'n. Zu was haben Sie denn die Axt, Herr Förster?

Der Förster. Die hab' ich Holzdieben weggenommen.

Der alte Baumert. Unse Herrschaft, die nimmt's gar sehr genau mit a paar Scheiten Brennholz.

Der Reisende. Nu erlauben Sie, das geht doch ooch nich, wenn da jeder holen wollte ...

Der alte Baumert. Mit Verlaub zu reden, hier is das wie ieberall mit a kleen'n und a großen Dieben; hier sein welche, die treiben Holzhandel im großen und wern reich von gestohlnen Holze. Wenn aber a armer Weber ...

Erster alter Weber *unterbricht Baumert*. Mir derfen kee Zweigl nehmen, aber de Herrschaft, die greift uns desto forscher an, die zieht uns 's Leder egelganz ieber de Ohren runter. Da sein zu entrichten Schutzgelder, Spinngelder, Naturalleistungen, da muß ma umsonste Gänge laufen und Howearbeit tun, ob ma will oder nich.

Ansorge. 's is halt aso: was uns d'r Fabrikante iebrichläßt, das holt uns d'r Edelmann vollens aus d'r Tasche.

Zweiter alter Weber *hat am Nebentisch Platz genommen*. Ich hab's o'n gnädijen Herrn selber gesagt. Se werd'n gittigst verzeihn, Herr Graf, meent' ich ieber'n, das Jahr kann ich aso viel Howetage eemal ni leisten. Ich streit's eemal nich! Denn warum? Se wern entschuldigen, mir hat's Wasser alles zuschanden gemacht. Mei bissei Acker hat's weggeschwemmt. Ich muß Tag und Nacht schaffen, wenn ich will leben. Aso a Unwetter ... Ihr Leute, ihr Leute! Ich stand ock immer und rang de Hände. Der scheene Boden, der kam ock immer aso über a Berg rundergewellt und ins Häusl nein; und der scheene, teure Samen! ... O Jes's, o Jes's, da hab' ich ock immer aso in de Wolken neingeprillt, und acht Tage lang hab' ich geflennt, daß ich bald keene Straße ni mehr sah ... Und dernach könnt' ich mich mit achzig schweren Radwern Boden über a Berg wieder nufquäln.

Der Bauer, *roh*. Ihr macht ja a schauderhaftiges Gelammetiere dahier. Was de d'r Himmel schickt, das miß mir uns alle gefalln lass'n. Und wenn's euch sonst nich zum besten geht, wer is denn schuld wie ihr selber? Wie's Geschäft gutt ging, was habt'r gemacht? Alls verspielt und versoffen habt'r. Hätt ihr euch dazemal was derspart, da wär' jetzt a Notpfennig da sein, da braucht'r kee Garn und kee Holz stehln.

Erster junger Weber, *mit einigen Kameraden im „Hause“, der Diele, spricht laut zur Tür herein.* A Pauer bleibt a Pauer, und wenn a schläft bis um neune.

Erster alter Weber. Das is jetzt aso: d'r Pauer und d'r Edelmann, die ziehn a een'n Strange. Will a Weber an Wohnung hab'n, da sagt d'r Pauer: ich geb' d'r a klee Lechl zum drinne wohn. Du zahlst m'r scheene Zinse und hilfst m'r mei Heu und mei Getreide reinbringen, und wenn de ni willst, da sieh, wo de bleibst. Kommt eener zum zweeten, der macht's wie d'r erschte.

Der alte Baumert, *grimmig.* Ma is wie a Griebsch, an dem alle rumfressen.

Der Bauer, *aufgebracht.* Oh, ihr verhungerten Luder, zu was wärt ihr zu gebrauchen? Kennt ihr an Flug in a Acker dricken? Kennt ihr woll 'ne gleiche Furche ziehn oder 'ne Mandel Habergarben uf a Wag'n reechen? Ihr seid ja zu nischt nutze wie zum Faulenzen und bei a Weibern Liegen. Ihr wärt Scheißkerle! Ihr kennt een was nitzen. *Er hat indes gezahlt und geht ab. Der Förster folgt ihm lachend. Welzel, der Tischler und Frau Welzel lachen laut, der Reisende für sich. Als das Gelächter verstummt, tritt Stille ein.*

Hornig. Aso a Pauer, der is wie a Bremmerochse ... Wenn ich ni wißte, was hie fir 'ne Not is. In den Derfern hie nuff, was hat man da alles zu sehn kriecht! Zu viern und fünfen lagen se nackt uf enn eenzichen Strohsack.

Der Reisende, *in milde verweisendem Tone.* Erlauben Sie mal, lieber Mann. Über die Not im Gebirge sind doch die Ansichten recht verschieden, wenn Sie lesen können ...

Hornig. Oh, ich les' all's vom Blatte runder aso gutt wie Sie. Nee, nee, ich wersch wissen, ich bin genug rumkommen bei da Leuten. Wenn man's Kupsel Sticka vierzig Jahr uf'n Puckel gehabt hat, da wird ma woll was wissen zu guder Letzt. Wie warsch denn mit Fullern? Die Kinder, die klaubten mit Nachbarsch Gänsen im Miste rum. Gestorben sein de

Leute – nackend – uf a Fliesen im Hause. Stinkende Schlichte hab'n se gefressen vor Himmelsangst. Hingerafft hat se d'r Hunger zu Hunderten und Aberhunderten.

Der Reisende. Wenn Sie lesen können, müssen Sie doch auch wissen, daß die Regierung genaue Nachforschungen hat anstelln lassen und daß ...

Hornig. Das kennt man, das kennt man: da kommt so a Herr von der Regierung, der alles schon besser weeß, wie wenn a's gesehn hätte. Der geht aso a bissel im Dorfe rum, wo de Bache ausfließt und de scheensten Häuser sein. De scheen'n blanken Schuhe, die will a sich weiter ni beschmutzen. Da denkt a halt, 's wird woll ieberall aso scheen aussehn, und steigt in de Kutsche und fährt wieder heem. Und da schreibt a nach Berlin, 's wär' und wär' eemal keene Not nich. Wenn a aber und hätte a bissel Geduld gehabt und wär' in da Derfern nufgestiegen, bis wo de Bache eintritt, und ieber de Bache nieber uf de kleene Seite oder gar abseit, wo de kleen'n eenzelnen Klitschen stehn, die alten Schaubennester an a Bergen, die de manchmal aso schwarz und hinfällig sein, daß 's 'n 's Streichhelzl ni verlohnt, um aso a Ding anzustecken, da wär' a woll andersch hab'n nach Berlin bericht't. Zu mir hätten se solln kommen, de Herrn von d'r Regierung, die's nich haben glooben wollen, daß hier 'ne Not wär'. Ich hätt'n amal was ufgezeicht. Ich wollt'n amal de Augen ufkneppen in allen den Hungernestern hier nein.

Man hört draußen das Weberlied singen.

Welzel. Da singen se schonn wieder das Teifelslied.

Wiegand. Die stelln ja's ganze Dorf uf a Kopp.

Frau Welzel. 's is reen, als wenn was in d'r Luft läg'.

Jäger und Bäcker, *Arm in Arm, an der Spitze einer Schar junger Weberburschen, betreten lärmend das „Haus“ und von da die Wirtsstube.*

Jäger. Schwadron halt! Abgesessen! *Die Angekommenen begeben sich zu den verschiedenen Tischen, an denen bereits Weber sitzen, mit ihnen Gespräche anknüpfend.*

Hornig, *Bäcker zurufend*. Nu sag ock bloß, was geht denn vor, daß d'r aso ei hellen Haufen beinander seid?

Bäcker, *bedeutsam*. Vielleichte wird amal was vorgehn. Gelt ock, Moritz?!

Hornig. Nu wärsch doch! Macht ock ni Dinge.

Bäcker, 's is o schonn Blut geflossen. Willst's sehn? Er streift seinen Ärmel herauf und zeigt ihm blutende Impfstellen am nackten Oberarm. Wie er, so tun auch viele der jungen Weber an den übrigen Tischen.

Bäcker. Beim Bader Schmidt warn mir, impfen lassen.

Hornig. Na nu wird's Tag. Da kann man sich ni wundern, daß aso a Teeps is uf allen Gassen. Wenn solche Leubel im Dorfe rumschwuchtern ...!

Jäger, *sich protzenhaft aufspielend, mit lauter Stimme*. Gleich zwee Quart, Welzel! Ich zahl's. Denkst etwan, ich hab' kee Puttputt? Nu harr ock sachte! Wenn mir sonst wollten, da kennten mir Scheps trinken und Kaffee lappern bis morgen frieh, aso gutt wie a Reisender. *Gelächter unter den jungen Webern*.

Der Reisende, *mit komischem Erstaunen*. Meinen Sie mir, oder meinen Sie mich? *Der Wirt, die Wirtin und ihre Tochter, Tischler Wiegand und der Reisende lachen*.

Jäger. Immer den, der fragt.

Der Reisende. Erlauben Sie mal, junger Mensch, Ihr Geschäft scheint recht gut zu gehn.

Jäger. Ich kann ni klag'n. Ich bin Konfektionsreisender. Ich mach' mit'n Fabrikanten Halbpart. Je mehr d'r Weber hungert, um desto fetter speis' ich. Je größer de Not, desto größer mei Brot.

Bäcker. Das haste gutt gemacht, sollst leben, Moritz!

Welzel *hat den Kornschnaps gebracht. Auf dem Rückwege zum Schenksims bleibt er stehn und wendet sich langsam in all seinem Phlegma und seiner Massigkeit wieder den Webern zu. Mit ebensoviel Ruhe als Nachdruck*. Laßt ihr den Herrn zufrieden, der hat euch nischt nich getan.

Stimmen junger Weber. Mir tun 'n ja auch nischt.

Frau Welzel hat mit dem Reisenden einige Worte gewechselt. Sie nimmt die Tasse mit dem Kaffeerest und bringt sie in das Nebenstübchen. Der Reisende folgt ihr dahin unter dem Gelächter der Weber.

Stimmen junger Weber, *singend*.

> Die Herren Dreißiger die Henker sind,
> die Diener ihre Schergen ...

Welzel. Pscht, pscht! Das Lied singt, wo er wollt. Ei mein Hause duld' ich's nich.

Erster alter Weber. A hat ganz recht; laßt ihr das Singen.

Bäcker *schreit*. Aber bei Dreißigern miß mer noch amal vorbeiziehn. Der muß unser Lied noch amal zu heern kriegen.

Wiegand. Treibt's ock ni gar zu tolle, daß a ni etwa amal falsch versteht! *Gelächter und Hoho!!*

Der alte Wittig, *ein grauhaariger Schmied, ohne Mütze, in Schurzfell und Holzpantinen, rußig, wie er aus der Werkstatt kommt, ist eingetreten und wartet, am Schenksims stehend, auf ein Glas Branntwein*. Laß ock du die geruhig a bissel a Theater machen. Die Hunde, die de viel kläffen, beißen nich.

Stimmen alter Weber. Wittig, Wittig!

Wittig. Hie hängt a. Was gibbt's denn?

Stimmen alter Weber. Wittig is da. – Wittig, Wittig! – Komm her, Wittig, setz dich zu uns! – Komm her zu uns, Wittig!

Wittig. Ich wer mich in Obacht nehmen und wer mich zu solchen Goten setzen.

Jäger. Komm, trink amal mit.

Wittig. Oh, behalt dir denn Branntwein. Will ich trinken, zahl' ich'n selber. *Er setzt sich mit seinem Schnapsglas zu Baumert und Ansorge. Dem letzteren auf den Bauch klopfend*. Was haben die Weber fer eine Speis? Sauerkraut und Läusefleisch.

Der alte Baumert, *ekstatisch*. Nu aber wie d'n da, wenn se nu und sein ni mehr zufriede dermit?

Wittig, *mit gemachtem Staunen den Weber dumm anglotzend*. Nu, nu, nu, sag mer ock, Heinerle, bist du's? *Unbändig herauslachend*. Ihr Leute, ihr Leute, ich lach' mich tot. Der ale Baumert will Rebellion machen. Nu wern mersch hab'n: itzt fangen de Schneider ooch an, dann wer de Bählämmel rebellisch, dann de Mäuse und Ratten. O du meine Gitte, das werd a Tanz werden! *Er will sich ausschütten vor Lachen*.

Der alte Baumert. Nu sieh ock, Wittig, ich bin no immer derselbigte wie frieher. Ich sag' o itzt noch: wenn's im guten ging', wärsch besser.

Wittig. Dreck werd's gehn, aber nich im guden. Wo war' aso was im guden gangen? Is etwa ei Frankreich im guden gangen? Hat etwa d'r Robspier a Reichen de Patschel gestreechelt? Da hiß bloß: Allee schaff fort! Immer nuf uf de Giljotine! Das muß gehn, allong sangfang. De gebratnen Gänse kommen een ni ins Maul geflog'n.

Der alte Baumert. Wenn ich ock und hätte hallwäge mein Auskommen ...

Erster alter Weber. Uns steht halt's Wasser bis hierum, Wittig.

Zweiter alter Weber. Ma mag bald gar ni mehr heemgehn. Ob ma nu schachtert, oder ma legt sich schlafen, ma hungert uf beede Arten.

Erster alter Weber. D'rheeme verliert man vollens ganz a Verstand.

Ansorge. Mir is jetzt schonn eegal, 's kommt aso oder aso.

Stimmen alter Weber, *mit steigender Erregung*. Nirgend hat ma Ruh. – O kenn Geist nich zur Arbeit hat man. – Oben bei uns in Steenkunzendorf sitzt eener schonn a ganzen Tag an d'r Bache und wäscht sich, nackt, wie'n Gott gemacht hat. Dem hat's gar a Kopp verwirrt.

Dritter alter Weber *erhebt sich, vom Geiste getrieben, und fängt an, mit „Zungen" zu reden, den Finger drohend erhoben*. Es ist ein Gericht in der Luft! Gesellet euch nicht zu den Reichen und Vornehmen! Es ist ein Gericht in der Luft! Der Herr Zebaoth ... *Einige lachen. Er wird auf den Sitz niedergedrückt*.

Welzel. Der derf ock a eenzichtes Gläsl trinken, da wirrt's 'n gleich aus'n Koppe.

Dritter alter Weber *fährt wieder auf*. Doch ha! sie glauben an keinen Gott, noch weder Höll' noch Himmel. Religion ist nur ihr Spott ...

Erster alter Weber. Laß gutt sein, laß!

Bäcker. Laß du den Mann sei Gesetzl beten. Das kann sich manch eens zu Herzen nehmen.

Viele Stimmen, *tumultuarisch*. Laßt'n reden! – Laßt'n!

Dritter alter Weber, *mit gehobener Stimme*. Daher die Helle die Seele weit aufgesperrt und den Rachen aufgetan, ohne alle Maße, daß hinunterfahren alle die, so die Sache der Armen beugen und Gewalt üben im Recht der Elenden, spricht der Herr. *Tumult. Dritter alter Weber, plötzlich schülerhaft deklamierend*.

> Und doch wie wunderlich geht's,
> wenn man es recht will betrachten,
> wenn man des Leinewebers Arbeit will verachten!

Bäcker. Mir sein aber Parchentweber. *Gelächter*.

Hornig. A Leinwebern geht's noch viel elender. Die schleichen ock bloßich noch wie de Gespenster zwischer a Bergen rum. Ihr dahier habt doch noch Krien zum Ufmucken.

Wittig. Denkst du etwan, hie is schon's Schlimmste vorieber? Das bißl Forsche, was die noch im Leibe hab'n, das werd 'n d'r Fabrikante schon ooch vollens austreiben.

Bäcker. A hat ja gesagt: de Weber werden noch fer 'ne Quarkschnitte arbeiten. *Tumult.*

Verschiedene alte und junge Weber. Wer hat das gesagt?

Bäcker. Das hat Dreißiger ieber Weber gesagt.

Ein junger Weber. Das Aas sollt' man ärschlich ufknippen.

Jäger. Heer amal uf mich. Wittig, du hast immer aso viel derzählt von d'r Franzeschen Revolution. Du hast immer's Maul aso voll genommen. Nu kennte vielleicht bald Gelegenheit wern, daß eener und kennte zeigen, wie's mit'n beschaffen is: ob a a Großmaul is oder a Ehrenmann.

Wittig, *jähzornig aufbrausend*. Sag noch ee Wort, Junge! Hast du geheert Kugeln pfeifen? Hast du uf Vorposten gestanden ei Feindesland?

Jäger. Nu, bis ock ni falsch. Mir sein ja Kamraden. Ich hab's ja ni schlimm gemeent.

Wittig. Uf die Kamradschaft plamp' ich. Du Laps, ufgeblasener! *Gendarm Kutsche kommt.*

Mehrere Stimmen. Pscht, pscht, Pol'zei!

Es wird eine unverhältnismäßig lange Zeit gezischt, bis völlige Ruhe eingetreten ist.

Kutsche, *unter tiefem Schweigen aller übrigen seinen Platz an der Mittelsäule einnehmend*. An kleen'n Korn mecht' ich bitten. *Wiederum völlige Ruhe.*

Wittig. Nu, Kutsche, sollst woll amal zum Rechten sehn hier bei uns?

Kutsche, *ohne auf Wittig zu hören*. Gu'n Tak o, Meister Wiegand.

Wiegand, *noch immer in der Ecke vor dem Schenksims*. Scheen Dank, Kutsche.

Kutsche. Wie geht's Geschäft?

Wiegand. Dank fer de Nachfrage.

Bäcker. D'r Verwalter hat Angst, m'r kennten uns a Magen verderben von dem vielen Lohn, das m'r kriegen. *Gelächter*.

Jäger. Gell ock, Welzel, mir hab'n alle Schweinernes gegessen und Fettunke und Kleeßl und Sauerkraut, und itzt trink mer erscht noch Schlampanjerwein. *Gelächter*.

Welzel. Hintenrum scheint de Sonne.

Kutsche. Und wenn ihr und hätt gleich Schlampanjer und Gebratnes, derwegen werd ihr noch lange ni zufrieden sein. Ich hab' o keen'n Schlampanjer, und's muß halt auch gehn.

Bäcker, *mit Bezug auf Kutsches Nase*. Der begißt seine kohlrote Gurke mit Branntwein und Schepsbier. Dadervon wird se ooch reif. *Gelächter*.

Wittig. Aso a Schandarm hat a schweres Leben: eemal muß a an verhungerten Betteljungen ins Loch stecken, dann muß a wieder amal a hibsch Webermädel verfiehrn, dann muß a sich wieder amal sternhagelsmäßig bekreeschen und's Weib durchpriegeln, daß se vor Himmelangst zu a Nachbarn gelaufen kommt; und aso uf'n Ferde rumschappern, in a Federn liegen bis um nenne, das is gar kee leichte Ding dahie!

Kutsche. Schwatz du immerzu! Du witscht dich schonn noch beizeiten um a Hals räden. Ma weeß ja längst, was du fer a Briederle bist. Dei ufriehrerisch Maulwerk, das is längst bekannt bis nuf zum Landrat. Ich kenn' een'n, der bringt ieber Jahr und Tag Weib und Kind eis Armenhaus mit Saufen und Kretschamhocken und sich selber ins Gefängnis, der wird ufhetzen und ufhetzen, bis 's wird a Ende mit Schrecken nehmen.

Wittig *lacht bitter heraus.* Wer weeß ooch, was kommt?! Uf de Letzte kannste gar recht haben. *Jähzornig hervorbrechend.* Kommt's aber aso weit, dann weeß ich ooch, wem ich's zu verdanken hab', wer mich verklatscht hat bei a Fabrikanten und uf d'r Herrschaft und verschänd't und verleumd't, daß ich keen'n Schlag Arbeit mehr beseh' – wer mir de Pauern hat uf a Hals gehetzt und de Miller, daß ich de ganze Woche kee Pferd zum Beschlagen kriege oder an Reefen um a Rad zu machen. Ich weeß, wer das is. Ich hab' die infame Karnalje emal vom Ferde gezogen, weil se an kleen'n tummen Jungen wägen a paar unreifen Birnen mit'n Ochsenziemer hat durchgewalkt. Und ich sag' dir, du kennst mich, bringst du mich ins Gefängnis, da mach du ooch gleich dei Testament. Heer' ich ock was von weiter Ferne läuten, da nehm' ich, was ich kriege, 's is nu a Hufeisen oder Hammer, 'ne Radspeiche oder a Wassereimer, und da such' ich dich uf, und wenn ich dich soll aus'n Bette holen von deinem Mensche weg, ich reiß' dich raus und schlag' d'r a Schädel ein, so wahr wie ich Wittich heeße. *Er ist aufgesprungen und will auf Kutsche losgehen.*

Alte und junge Weber, *ihn zurückhaltend.* Wittich, Wittich, bleib bei Verstände.

Kutsche *hat sich unwillkürlich erhoben; sein Gesicht ist blaß. Während des Folgenden retiriert er. Je näher der Tür, desto mutiger wird er. Die letzten Worte spricht er schon auf der Türschwelle, um im nächsten Augenblick zu verschwinden.* Was willst du von mir? Mit dir hab' ich nischt nich zu schaffen. Ich hab' mit a hiechten Webern zu reden. Dir hab' ich nischt nich getan. Du gehst mich nischt an. Euch Webern aber soll ich's ausrichten: d'r Herr Polizeiverwalter läßt euch verbieten, das Lied zu singen – das Dreißigerlied, oder wie sich's genennt. Und wenn das Gesinge uf d'r Gasse ni gleich ufheert, da wird a d'rfire sorgen, daß ihr im Stockhause mehr Zeit und Ruhe kriegt. Da kennt'r dann singen bei Wasser und Brot, aso lange wie d'r lustig seid. *Ab.*

Wittig *schreit ihm nach.* Gar nischt hat a uns zu verbieten, und wenn mir prilln, daß de Fenster schwirrn, und wenn ma uns heert bis in

Reechenbach, und wenn mir singen, daß allen Fabrikanten de Häuser ieberm Koppe zusammenstirzen und allen Verwaltern de Helme uf'm Schädel tanzen. Das geht niemanden nischt an.

Bäcker *ist inzwischen aufgestanden, hat pantomimisch das Zeichen zum Singen gegeben und beginnt nun selbst mit allen gemeinschaftlich.*

Hier im Ort ist ein Gericht,
noch schlimmer als die Femen,
wo man nicht erst ein Urteil spricht,
das Leben schnell zu nehmen.

Der Wirt sucht zu beruhigen, wird aber nicht gehört. Wiegand hält sich die Ohren zu und läuft fort. Die Weber erheben sich und ziehen unter dem Gesang der folgenden Verse Wittig und Bäcker nach, die durch Winke usw. das Zeichen zum allgemeinen Aufbruch gegeben haben.

Hier wird der Mensch langsam gequält,
hier ist die Folterkammer,
hier werden Seufzer viel gezählt
als Zeugen von dem Jammer.

Der größte Teil der Weber singt den folgenden Vers schon auf der Straße, nur einige junge Burschen noch im Innern der Stube, während sie zahlen. Am Schluß der nächsten Strophe ist das Zimmer leer bis auf Welzel, seine Frau, seine Tochter, Hornig und den alten Baumert.

Ihr Schurken all, ihr Satansbrut!
ihr höllischen Kujone!
ihr freßt der Armen Hab und Gut,
und Fluch wird euch zum Lohne.

Welzel *räumt mit Gleichmut Gläser zusammen.* Die sein ja heute gar tälsch.

Der alte Baumert *ist im Begriff zu gehen.*

Hornig. Nu sag bloß, Baumert, was is denn im Gange?

Der alte Baumert. Zu Dreißigern gehn wolln se halt, sehn, daß a was zulegt zum Lohne dahier.

Welzel. Machst du ooch noch mit bei solchen Tollheeten?!

Der alte Baumert. Nu sieh ock, Welzel, an mir liegt's nich. A Junges kann manchmal, und a Altes muß. *Ein wenig verlegen ab.*

Hornig *erhebt sich.* Das sollt' mich doch wundern, wenn's hie ni amal beese käm'.

Welzel. Daß die alten Krepper o vollens a Verstand verliern!?

Hornig. A jeder Mensch hat halt 'ne Sehnsucht!

Vierter Akt

Peterswaldau. – Privatzimmer des Parchentfabrikanten Dreißiger. Ein im frostigen Geschmack der ersten Hälfte unseres Jahrhunderts luxuriös ausgestatteter Raum. Die Decke, der Ofen, die Türen sind weiß; die Tapete gradlinig kleingeblümt und von einem kalten, bleigrauen Ton. Dazu kommen rotüberzogene Polstermöbel aus Mahagoniholz, reich geziert und geschnitzt, Schränke und Stühle von gleichem Material und wie folgt verteilt: rechts, zwischen zwei Fenstern mit kirschroten Damastgardinen, steht der Schreibsekretär, ein Schrank, dessen vordere Wand sich herabklappen läßt – ihm gerade gegenüber das Sofa, unweit davon ein eiserner Geldschrank, vor dem Sofa der Tisch, Sessel und Stühle – an der Hinterwand ein Gewehrschrank. Diese sowie die anderen Wände sind durch schlechte Bilder in Goldrahmen teilweise verdeckt. Über dem Sofa hängt ein Spiegel mit stark vergoldetem Rokokorahmen. Eine einfache Tür links führt in den Flur, eine offene Flügeltür der Hinterwand in einen mit dem gleichen ungemütlichen Prunk überladenen Salon. Im Salon bemerkt man zwei Damen, Frau

Dreißiger und Frau Pastor Kittelhaus, damit beschäftigt, Bilder zu besehen – ferner den Pastor Kittelhaus im Gespräch mit dem Kandidaten und Hauslehrer Weinhold.

Kittelhaus, *ein kleines, freundliches Männchen, tritt gemütlich plaudernd und rauchend mit dem ebenfalls rauchenden Kandidaten in das Vorderzimmer; dort sieht er sich um und schüttelt, da er niemand bemerkt, verwundert den Kopf.* Es ist ja durchaus nicht zu verwundern, Herr Kandidat: Sie sind jung. In Ihrem Alter hatten wir Alten – ich will nicht sagen, dieselben Ansichten, aber doch ähnliche. Ähnliche jedenfalls. Und es ist ja auch was Schönes um die Jugend – um alle die schönen Ideale, Herr Kandidat. Leider nur sind sie flüchtig, flüchtig wie Aprilsonnenschein. Kommen Sie erst in meine Jahre. Wenn man erst mal dreißig Jahre, das Jahr zweiundfünfzigmal – ohne die Feiertage –, von der Kanzel herunter den Leuten sein Wort gesagt hat, dann ist man notwendigerweise ruhiger geworden. Denken Sie an mich, wenn es mit Ihnen so weit sein wird, Herr Kandidat.

Weinhold, *neunzehnjährig, bleich, mager, hochaufgeschossen, mit schlichtem langen Blondhaar. Er ist sehr unruhig und nervös in seinen Bewegungen.* Bei aller Ehrerbietung, Herr Pastor ... Ich weiß doch nicht ... Es existiert doch eine große Verschiedenheit in den Naturen.

Kittelhaus. Lieber Herr Kandidat, Sie mögen ein noch so unruhiger Geist sein, – *im Tone eines Verweises* – und das sind Sie –, Sie mögen noch so heftig und – ungebärdig gegen die bestehenden Verhältnisse angehen, das legt sich alles. Ja, ja, ich gebe ja zu, wir haben ja Amtsbrüder, die in ziemlich vorgeschrittenem Alter noch recht jugendliche Streiche machen. Der eine predigt gegen die Branntweinpest und gründet Mäßigkeitsvereine, der andere verfaßt Aufrufe, die sich unleugbar recht ergreifend lesen. Aber was erreicht er damit? Die Not unter den Webern wird, wo sie vorhanden ist, nicht gemildert. Der soziale Frieden dagegen wird untergraben. Nein, nein, da möchte man wirklich fast sagen: Schuster, bleib bei deinem Leisten! Seelsorger, werde kein Wanstsorger! Predige dein reines Gotteswort, und im übrigen laß den sorgen, der den Vögeln ihr Bett und ihr Futter bereitet hat und die Lilie auf dem Felde nicht läßt verderben. – Nun aber möcht' ich doch wirklich wissen, wo unser liebenswürdiger Wirt so plötzlich hingekommen ist.

Frau Dreißiger *kommt, von der Pastorin gefolgt, nach vorn. Sie ist eine dreißigjährige, hübsche Frau von einem kernigen und robusten Schlage. Ein gewisses Mißverhältnis zwischen ihrer Art zu reden oder sich zu bewegen und ihrer vornehm reichen Toilette ist auffällig*. Se haben ganz recht, Herr Paster. Wilhelm macht's immer so. Wenn 'n was einfällt, da rennt er fort und läßt mich sitzen. Da hab' ich schon so drüber gered't, aber da mag man sagen, was man will.

Kittelhaus. Liebe gnädige Frau, dafür ist er Geschäftsmann.

Weinhold. Wenn ich nicht irre, ist unten etwas vorgefallen.

Dreißiger *kommt. Echauffiert, aufgeregt*. Nun, Rosa, ist der Kaffee serviert?

Frau Dreißiger *schmollt*. Ach, daß du ooch immer fortlaufen mußt.

Dreißiger, *leichthin*. Ach, was weißt du!

Kittelhaus. Um Vergebung! Haben Sie Ärger gehabt, Herr Dreißiger?

Dreißiger. Den habe ich alle Tage, die Gott der Herr werden läßt, lieber Herr Pastor. Daran bin ich gewöhnt. Nun, Rosa?! Du sorgst wohl dafür.

Frau Dreißiger *geht mißlaunig und zieht mehrmals heftig an dem breiten, gestickten Klingelzug*.

Dreißiger. Jetzt eben, – *nach einigen Umgängen* – Herr Kandidat, hätte ich Ihnen gewünscht, dabeizusein. Da hätten Sie was erleben können. Übrigens ... Kommen Sie, fangen wir unsern Whist an.

Kittelhaus. Ja, ja, ja und nochmals ja! Schütteln Sie des Tages Staub und Last von den Schultern und gehören Sie uns!

Dreißiger *ist ans Fenster getreten, schiebt eine Gardine beiseite und blickt hinaus. Unwillkürlich.* Bande!!! – komm doch mal her, Rosa! Sie kommt. Sag doch mal: dieser lange rothaarige Mensch dort! ...

Kittelhaus. Das ist der sogenannte rote Bäcker.

Dreißiger. Nu sag mal, ist das vielleicht derselbe, der dich vor zwei Tagen insultiert hat? Du weißt ja, was du mir erzähltest, als dir Johann in den Wagen half.

Frau Dreißiger *macht einen schiefen Mund, gedehnt.* Ich wöß nich mehr.

Dreißiger. Aber so laß doch jetzt das Beleidigttun. Ich muß das nämlich wissen. Ich habe die Frechheiten nun nachgerade satt. Wenn es der ist, so zieh' ich ihn nämlich zur Verantwortung. Man hört das Weberlied singen. Nun hören Sie bloß, hören Sie bloß!

Kittelhaus, *überaus entrüstet.* Will denn dieser Unfug wirklich immer noch kein Ende nehmen? Nun muß ich aber wirklich auch sagen: es ist Zeit, daß die Polizei einschreitet. Gestatten Sie mir doch mal! Er tritt ans Fenster. Nun sehen Sie an, Herr Weinhold! Das sind nun nicht bloß junge Leute, da laufen auch alte, gesetzte Weber in Masse mit. Menschen, die ich lange Jahre für höchst ehrenwert und gottesfürchtig gehalten habe, sie laufen mit. Sie nehmen teil an diesem unerhörten Unfug. Sie treten Gottes Gesetz mit Füßen. Wollen Sie diese Leute vielleicht nun noch in Schutz nehmen?

Weinhold. Gewiß nicht, Herr Pastor. Das heißt, Herr Pastor ... cum grano salis. Es sind eben hungrige, unwissende Menschen. Sie geben halt ihre Unzufriedenheit kund, wie sie's verstehen. Ich erwarte gar nicht, daß solche Leute ...

Frau Kittelhaus, *klein, mager, verblüht, gleicht mehr einer alten Jungfer als einer Frau.* Herr Weinhold, Herr Weinhold! aber ich bitte Sie!

Dreißiger. Herr Kandidat, ich bedaure sehr ... Ich habe Sie nicht in mein Haus genommen, damit Sie mir Vorlesungen über Humanität halten. Ich muß Sie ersuchen, sich auf die Erziehung meiner Knaben zu beschränken, im übrigen aber meine Angelegenheiten mir zu überlassen, mir ganz allein! Verstehen Sie mich?

Weinhold *steht einen Augenblick starr und totenblaß und verbeugt sich dann mit einem fremden Lächeln. Leise.* Gewiß, gewiß, ich habe Sie verstanden. Ich sah es kommen; es entspricht meinen Wünschen. *Ab.*

Dreißiger, *brutal.* Dann aber doch möglichst bald, wir brauchen das Zimmer.

Frau Dreißiger. Aber Wilhelm, Wilhelm!

Dreißiger. Bist du wohl bei Sinnen? Du willst einen Menschen in Schutz nehmen, der solche Pöbeleien und Schurkereien wie dieses Schmählied da verteidigt?!

Frau Dreißiger. Aber Männdel, Männdel, er hat's ja gar nicht ...

Dreißiger. Herr Pastor, hat er's verteidigt, oder hat er's nicht verteidigt?

Kittelhaus. Herr Dreißiger, man muß es seiner Jugend zugute halten.

Frau Kittelhaus. Ich weiß nicht, der junge Mensch ist aus einer so guten und achtbaren Familie. Vierzig Jahr war sein Vater als Beamter tätig und hat sich nie auch nur das geringste zuschulden kommen lassen. Die Mutter war so überglücklich, daß er hier ein so schönes Unterkommen gefunden hatte. Und nun ... nun weiß er sich das so wenig wahrzunehmen.

Pfeifer *reißt die Flurtür auf, schreit herein.* Herr Dreißicher, Herr Dreißicher! se hab'n 'n feste. Se mechten kommen. Se haben een'n gefangen.

Dreißiger, *hastig.* Ist jemand zur Polizei gelaufen?

Pfeifer. D'r Herr Verwalter kommt schonn die Treppe ruf.

Dreißiger, *in der Tür.* Ergebener Diener, Herr Verwalter! Es freut mich, daß Sie gekommen sind.

Kittelhaus *macht den Damen pantomimisch begreiflich, daß es besser sei, sich zurückzuziehen. Er, seine Frau und Frau Dreißiger verschwinden in den Salon.*

Dreißiger, im höchsten Grade aufgebracht, *zu dem inzwischen eingetretenen Polizeiverwalter.* Herr Verwalter, ich habe nun endlich einen der Hauptsänger von meinen Färbereiarbeitern festnehmen lassen. Ich konnte das nicht mehr weiter mit ansehen. Die Frechheit geht einfach ins Grenzenlose. Es ist empörend. Ich habe Gäste, und diese Schufte erdreisten sich ... sie insultieren meine Frau, wenn sie sich zeigt; meine Knaben sind ihres Lebens nicht sicher. Ich riskiere, daß sie meine Gäste mit Püffen traktieren. Ich gebe Ihnen die Versicherung, wenn es in einem geordneten Gemeinwesen ungestraft möglich sein sollte, unbescholtene Leute, wie ich und meine Familie, fortgesetzt öffentlich zu beschimpfen ... ja dann ... dann müßte ich bedauern, andere Begriffe von Recht und Gesittung zu haben.

Polizeiverwalter, *etwa fünfzigjähriger Mann, mittelgroß, korpulent, vollblütig. Er trägt Kavallerieuniform mit Schleppsäbel und Sporen.* Gewiß nicht ... Nein ... gewiß nicht, Herr Dreißiger! – Verfügen Sie über mich. Beruhigen Sie sich nur, ich stehe ganz zu Ihrer Verfügung. Es ist ganz in der Ordnung ... Es ist mir sogar sehr lieb, daß Sie einen der Hauptschreier haben festnehmen lassen. Es ist mir sehr recht, daß die Sache nun endlich mal zum Klappen kommt. Es sind so'n paar Friedensstörer hier, die ich schon lange auf der Pike habe.

Dreißiger. So'n paar grüne Burschen, ganz recht, arbeitsscheues Gesindel, faule Lümmels, die ein Luderleben führen, Tag für Tag in den Schenken rumhocken, bis der letzte Pfennig durch die Gurgel gejagt ist. Aber nun bin ich entschlossen, ich werde diesen berufsmäßigen Schandmäulern das Handwerk legen, gründlich. Es ist im allgemeinen Interesse, nicht nur im eigenen Interesse.

Polizeiverwalter. Unbedingt! ganz unbedingt, Herr Dreißiger. Das kann Ihnen kein Mensch verdenken. Und soviel in meinen Kräften steht …

Dreißiger. Mit dem Kantschu müßte man hineinfahren in das Lumpengesindel.

Polizeiverwalter. Ganz recht, ganz recht. Es muß ein Exempel statuiert werden.

Gendarm Kutsche *kommt und nimmt Stellung. Man hört, da die Flurtür offen ist, das Geräusch von schweren Füßen, welche die Treppe heraufpoltern.* Herr Verwalter, ich melde gehorsamst: m'r hab'n einen Menschen festgenommen.

Dreißiger. Wollen Sie den Menschen sehen, Herr Polizeiverwalter?

Polizeiverwalter. Ganz gewiß, ganz gewiß. Wir wollen ihn zuallererst mal aus nächster Nähe betrachten. Tun Sie mir den Gefallen, Herr Dreißiger, und bleiben Sie ganz ruhig. Ich verschaffe Ihnen Genugtuung, oder ich will nicht Heide heißen.

Dreißiger. Damit kann ich mich nicht zufriedengeben, der Mensch kommt unweigerlich vor den Staatsanwalt.

Jäger *wird von fünf Färbearbeitern hereingeführt, die, an Gesicht, Händen und Kleidern mit Farbe befleckt, direkt von der Arbeit herkommen. Der Gefangene hat die Mütze schief sitzen, trägt eine freche Heiterkeit zur Schau und befindet sich infolge des vorherigen Branntweingenusses in gehobenem Zustand.* O ihr älenden Kerle! – Arbeiter wollt'r sein? Kamraden wollt'r sein? Eh ich das machte – eh ich mich vergreifen tät' a mein'n Genossen, da tät' ich denken, de Hand mißt' m'r verfauln dahier!

Auf einen Wink des Verwalters hin veranlaßt Kutsche, daß die Färber ihre Hände von dem Opfer nehmen. Jäger steht nun frei und frech da, während um ihn alle Türen verstellt werden.

Polizeiverwalter *schreit Jägern an.* Mütze ab, Flegel! *Jäger nimmt sie ab, aber sehr langsam, ohne sein ironisches Lächeln aufzugeben.* Wie heißt du?

Jäger. Hab' ich mit dir schonn die Schweine gehitt? *Unter dem Eindruck der Worte entsteht eine Bewegung unter den Anwesenden.*

Dreißiger. Das ist stark.

Polizeiverwalter *wechselt die Farbe, will aufbrausen, kämpft den Zorn nieder.* Das übrige wird sich finden. – Wie du heißt, frage ich dich! *Als keine Antwort erfolgt, rasend.* Kerl, sprich, oder ich lasse dir fünfundzwanzig überreißen.

Jäger, *mit vollkommener Heiterkeit und ohne auch nur durch ein Wimperzucken auf die wütende Einrede zu reagieren, über die Köpfe der Anwesenden hinweg zu einem hübschen Dienstmädchen, welches, im Begriff den Kaffee zu servieren, durch den unerwarteten Anblick betroffen, mit offenem Munde stehengeblieben ist.* Nu sag m'r ock, Plättbrettl-Emilie, bist du jetzt bei der Gesellschaft?! Na da sieh ock, daß de hier nausfind'st. Hie kann amal d'r Wind gehn, und der bläst alles weg ieber Nacht. *Das Mädchen starrt Jäger an, wird, als sie begreift, daß die Rede ihr gilt, rot vor Scham, schlägt sich die Hände vor die Augen und läuft hinaus, das Geschirr zurücklassend, wie es gerade steht und liegt. Wiederum entsteht eine Bewegung unter den Anwesenden.*

Polizeiverwalter, *nahezu fassungslos zu Dreißiger.* So alt wie ich bin ... eine solche unerhörte Frechheit ist mir doch ...

Jäger spuckt aus.

Dreißiger. Kerl, du bist in keinem Viehstall, verstanden?!

Polizeiverwalter. Nun bin ich am Ende mit meiner Geduld. Zum letzten Mal: wie heißt du?

Kittelhaus, *der während der letzten Szene hinter der ein wenig geöffneten Salontür hervorgeblickt und gehorcht hat, kommt nun, durch die Geschehnisse hingerissen, um, bebend vor Erregung, zu intervenieren.* Er heißt Jäger, Herr Verwalter. Moritz ... nicht? ... Moritz Jäger. *Zu Jäger*. Nu sag bloß, Jäger – kennst du mich nich mehr?

Jäger, *ernst*. Sie sein Paster Kittelhaus.

Kittelhaus. Ja, dein Seelsorger, Jäger! Derselbe, der dich als kleines Wickelkind in die Gemeinschaft der Heiligen aufgenommen hat. Derselbe, aus dessen Händen du zum erstenmal den Leib des Herrn empfangen hast. Erinnerst du dich noch? Da hab' ich mich nun gemüht und gemüht und dir das Wort Gottes ans Herz gelegt. Ist das nun die Dankbarkeit?

Jäger, *finster, wie ein geduckter Schuljunge*. Ich hab' ja een'n Taler Geld ufgelegt.

Kittelhaus. Geld, Geld ... Glaubst du vielleicht, daß das schnöde, erbärmliche Geld ... Behalt dir dein Geld ... das ist mir viel lieber. Was das für ein Unsinn ist! Sei brav, sei ein Christ! Denk an das, was du gelobt hast. Halt Gottes Gebote, sei gut und sei fromm. Geld, Geld ...

Jäger. Ich bin Quäker, Herr Paster, ich gloob' an nischt mehr.

Kittelhaus. Was, Quäker, ach rede doch nicht! Mach, daß du dich besserst, und laß unverdaute Worte aus dem Spiel! Das sind fromme Leute, nicht Heiden wie du. Quäker! was Quäker!

Polizeiverwalter. Mit Erlaubnis, Herr Pastor. *Er tritt zwischen ihn und Jäger*. Kutsche! binden Sie ihm die Hände!

Wüstes Gebrüll von draußen. Jäger! Jäger soll rauskommen!

Dreißiger, *gelinde erschrocken wie die übrigen Anwesenden, ist unwillkürlich ans Fenster getreten*. Was heißt denn das nun wieder?

Polizeiverwalter. Oh, das versteh' ich. Das heißt, daß sie den Lumpen wieder raushaben wollen. Den Gefallen werden wir ihnen nun aber mal nicht tun. Verstanden, Kutsche? Er kommt ins Stockhaus.

Kutsche, *mit dem Strick in der Hand, zögernd*. Mit Respekt zu vermelden, Herr Verwalter, mir werden woll unsere Not haben. Es is eine ganz verfluchte Hetze Menschen. De richt'ge Schwefelbande, Herr Verwalter. Da is der Bäcker, da is der Schmied ...

Kittelhaus. Mit gütiger Erlaubnis – um nicht noch mehr böses Blut zu machen, würde es nicht angemessener sein, Herr Verwalter, wir versuchten es friedlich? Vielleicht verpflichtet sich der Jäger, gutwillig mitzugehen oder so ...

Polizeiverwalter. Wo denken Sie hin!! Meine Verantwortung! Auf so etwas kann ich mich unmöglich einlassen. Vorwärts, Kutsche! nich lange gefackelt!

Jäger, *die Hände zusammenlegend und lachend hinhaltend*. Immer feste, feste, aso fest, wie't er kennt, 's is ja doch nich uf lange. *Er wird gebunden von Kutsche mit Hilfe der Kameraden*.

Polizeiverwalter. Nu vorwärts, marsch! *Zu Dreißiger*. Wenn Sie Sorge haben, dann lassen Sie sechs Mann von den Färbern mitgehen. Die können ihn in die Mitte nehmen. Ich reite voran, Kutsche folgt. Wer sich entgegenstellt, wird niedergehauen.

Geschrei von unten. Kikeriki–i!! Wau, wau, wau!

Polizeiverwalter, *nach dem Fenster drohend*. Kanaillen! ich werde euch bekikerikien und bewauwauen. Marsch, vorwärts! *Er schreitet voran hinaus mit gezogenem Säbel, die andern folgen mit Jäger*.

Jäger *schreit im Abgehen*. Und wenn sich de gnäd'ge Frau Dreißichern o noch aso stolz macht, die is deshalb ni mehr wie unsereens. Die hat mein Vater vielhundertmal fer drei Fennige Schnaps vorgesetzt. Schwadron links' schwenkt, marsch, ma–rsch! *Ab mit Gelächter*.

Dreißiger, *nach einer Pause, scheinbar gelassen*. Wie denken Sie, Herr Paster? Wollen wir nun nicht unsern Whist machen? Ich denke, der Sache steht nun nichts mehr im Wege. *Er zündet sich eine Zigarre an, dabei lacht er mehrmals kurz, sobald sie brennt, laut heraus*. Nu fang' ich an, die Geschichte komisch zu finden. Dieser Kerl! *In einem nervösen Lachausbruch*. Es ist aber auch unbeschreiblich lächerlich. Erst der

Krakeel bei Tisch mit dem Kandidaten. Fünf Minuten darauf empfiehlt er sich. Fort über alle Berge! Dann diese Geschichte. Und nun spielen wir unsern Whist weiter.

Kittelhaus. Ja aber ... *Gebrüll von unten.* Ja, aber ... Wissen Sie: die Leute machen einen so schrecklichen Skandal.

Dreißiger. Ziehen wir uns einfach in das andere Zimmer zurück. Da sind wir ganz ungestört.

Kittelhaus, *unter Kopfschütteln.* Wenn ich nur wüßte, was in diese Menschen gefahren ist. Ich muß dem Kandidaten darin recht geben, wenigstens war ich bis vor kurzem auch der Ansicht, die Webersleute wären ein demütiger, geduldiger und lenksamer Menschenschlag. Geht es Ihnen nicht auch so, Herr Dreißiger?

Dreißiger. Freilich waren sie geduldig und lenksam, freilich waren es früher gesittete und ordentliche Leute. Solange nämlich die Humanitätsdusler ihre Hand aus dem Spiele ließen. Da ist ja den Leuten lange genug klargemacht worden, in welchem entsetzlichen Elend sie drinstecken. Bedenken Sie doch: all die Vereine und Komitees zur Abhilfe der Webernot. Schließlich glaubt es der Weber, und nun hat er den Vogel. Nun komme einer her und rücke ihnen den Kopf wieder zurecht. Jetzt ist er im Zuge. Jetzt murrt er ohne Aufhören. Jetzt paßt ihm das nicht und jen's nicht. Jetzt möchte alles gemalt und gebraten sein.

Plötzlich ein vielstimmiges, aufschwellendes Hurragebrüll.

Kittelhaus. So haben sie denn mit all ihrer Humanität nichts weiter zuwege gebracht, als daß aus Lämmern über Nacht buchstäblich Wölfe geworden sind.

Dreißiger. Ach was! bei kühlem Verstande, Herr Paster, kann man der Sache vielleicht sogar noch 'ne gute Seite abgewinnen. Solche Vorkommnisse werden vielleicht in den leitenden Kreisen nicht unbemerkt bleiben. Möglicherweise kommt man dort doch mal zu der Überzeugung, daß es so nicht mehr lange weitergehen kann, daß etwas geschehen muß, wenn unsre heimische Industrie nicht völlig zugrunde gehen soll.

Kittelhaus. Ja, woran liegt aber dieser enorme Rückgang, sagen Sie bloß?

Dreißiger. Das Ausland hat sich gegen uns durch Zölle verbarrikadiert. Dort sind uns die besten Märkte abgeschnitten, und im Inland müssen wir ebenfalls auf Tod und Leben konkurrieren, denn wir sind preisgegeben, völlig preisgegeben.

Pfeifer *kommt atemlos und blaß hereingewankt*. Herr Dreißicher, Herr Dreißicher!

Dreißiger, *bereits in der Salontür, im Begriff zu gehen, wendet sich geärgert*. Nu, Pfeifer, was gibt's schon wieder?

Pfeifer. Nee ... nee ... nu laßt mich zufriede!

Dreißiger. Was ist denn nu los?

Kittelhaus. Sie machen ein ja Angst, reden Sie doch.

Pfeifer, *immer noch nicht bei sich*. Na, da laßt mich zufriede! nee so was! nee so was aber ooch! Die Obrigkeit ... na, den wird's gutt gehn.

Dreißiger. Ins Teufels Namen, was is Ihnen denn so in die Glieder geschlagen? Hat jemand den Hals gebrochen?

Pfeifer, *fast weinend vor Angst, schreit heraus*. Se hab'n a Jäger Moritz befreit, a Verwalter gepriegelt und fortgejagt, a Schandarm gepriegelt und fortgejagt. Ohne Helm ... a Säbel zerbrochen ... nee, nee!

Dreißiger. Pfeifer, Sie sind wohl übergeschnappt.

Kittelhaus. Das wäre ja Revolution.

Pfeifer, *auf einem Stuhl sitzend, am ganzen Leibe zitternd, wimmernd*. Herr Dreißicher, 's wird Ernst! Herr Dreißicher, 's wird Ernst!

Dreißiger. Na, dann kann mir aber die ganze Polizei ...

Pfeifer. Herr Dreißicher, 's wird Ernst!

Dreißiger. Ach, halten Sie's Maul, Pfeifer! Zum Donnerwetter!

Frau Dreißiger, *mit der Pastorin aus dem Salon*. Ach, das ist aber wirklich empörend, Wilhelm. Der ganze schöne Abend wird uns verdorben. Nu hast du's, nu will de Frau Pastern am liebsten zu Hause gehn.

Kittelhaus. Liebe gnädige Frau Dreißiger, es ist doch vielleicht heute wirklich das beste ...

Frau Dreißiger. Aber Wilhelm, du solltest doch auch mal gründlich dazwischenfahren.

Dreißiger. Geh du doch und sag's 'n! Geh du doch! Geh du doch! *Vor dem Pastor stillstehend, unvermittelt*. Bin ich denn ein Tyrann? Bin ich denn ein Menschenschinder?

Kutscher Johann *kommt*. Gnäd'ge Frau, ich hab' de Pferde d'rweile angeschirrt. A Jorgel und 's Karlchen hat d'r Herr Kandedate schon in a Wagen gesetzt. Kommt's gar schlimm, da fahr m'r los.

Frau Dreißiger. Ja, was soll denn schlimm kommen?

Johann. Nu ich weeß halt au ni. Ich meen' halt aso! 's wern halt immer mehr Leute. Se hab'n halt doch a Verwalter mitsamst'n Schandarme fortgejagt.

Pfeifer. 's wird Ernst, Herr Dreißiger! 's wird Ernst!

Frau Dreißiger, *mit steigender Angst*. Ja, was soll denn werden? – Was wollen die Leute? – Se könn uns doch nich ieberfallen, Johann?

Johann. Frau Madame, 's sein riede Hunde drunter.

Pfeifer. 's wird Ernst, bittrer Ernst.

Dreißiger. Maul halten, Esel! Sind die Türen verrammelt?

Kittelhaus. Tun Sie mir den Gefallen ... Tun Sie mir den Gefallen ... Ich habe einen Entschluß gefaßt ... Tun Sie mir den Gefallen ... *Zu Johann.* Was verlangen denn die Leute?

Johann, *verlegen*. Mehr Lohn wolln se halt hab'n, die tummen Luder.

Kittelhaus. Gut, schön! – Ich werde hinausgehen und meine Pflicht tun. Ich werde mit den Leuten mal ernstlich reden.

Johann. Herr Paster, Herr Paster! das lassen Se ock unterwegens. Hie is jedes Wort umsonste.

Kittelhaus. Lieber Herr Dreißiger, noch ein Wörtchen. Ich möchte Sie bitten: stellen Sie Leute hinter die Tür und lassen Sie sogleich hinter mir abschließen.

Frau Kittelhaus. Ach, willst du das wirklich, Joseph?

Kittelhaus. Ich will es. Ich will es. Ich weiß, was ich tue. Hab keine Sorge, der Herr wird mich schützen.

Frau Kittelhaus *drückt ihm die Hand, tritt zurück und wischt sich Tränen aus den Augen.*

Kittelhaus, *indes von unten herauf ununterbrochen das dumpfe Geräusch einer großen, versammelten Menschenmenge heraufdringt*. Ich werde mich stellen ... Ich werde mich stellen, als ob ich ruhig nach Hause ginge. Ich will doch sehen, ob mein geistliches Amt ... ob ich nicht mehr so viel Respekt genieße bei diesen Leuten ... Ich will doch sehen ... *Er nimmt Hut und Stock*. Vorwärts also, in Gottes Namen. *Ab, begleitet von Dreißiger, Pfeifer und Johann.*

Frau Kittelhaus. Liebe Frau Dreißiger, – *sie bricht in Tränen aus und umhalst sie* – wenn ihm nur nicht ein Unglück zustößt!

Frau Dreißiger, *wie abwesend*. Ich weeß gar nich, Frau Pastern, mir is aso ... Ich weeß gar nich, wie mir zumute is. So was kann doch reen gar nich menschenmeeglich sein. Wenn das aso is ... das is ja grade, als wie wenn's Reichtum a Verbrechen wär'. Sehn S' ock, wenn mir das hätte jemand gesagt, ich weeß gar nich, Frau Pastern, am Ende wär' ich lieber in mein kleenlichen Verhältnissen drinnegeblieben.

Frau Kittelhaus. Liebe Frau Dreißiger, es gibt in allen Verhältnissen Enttäuschungen und Ärger genug.

Frau Dreißiger. Nu freilich, nu freilich, das denk' ich mir doch ooch eben. Und daß mir mehr haben als andere Leute ... nu Jes's, mir haben's doch ooch nich gestohlen, 's is doch Heller fer Fennig uf rechtlichem Wege erworben. So was kann doch reen gar nich meeglich sein, daß die Leute ieber een herfallen. Is denn mein Mann schuld, wenn's Geschäfte schlecht geht?

Von unten herauf dringt tumultuarisches Gebrüll. Während die beiden Frauen noch bleich und erschrocken einander anblicken, stürzt Dreißiger herein.

Dreißiger. Rosa, wirf dir was über und spring in den Wagen, ich komme gleich nach! *Er stürzt nach dem Geldschrank, schließt ihn auf und entnimmt ihm verschiedene Wertsachen.*

Johann *kommt*. Alles bereit! Aber nu schnell, eh's Hintertor noch besetzt is!

Frau Dreißiger, *in panischem Schrecken den Kutscher umhalsend*. Johann, liebster, bester Johann! Rett uns, allerallerallerbester Johann! Rette meine Jungen, ach, ach ...

Dreißiger. Sei doch vernünftig! Laß doch den Johann los!

Johann. Madam, Madam! Sein S' ock ganz geruhig. Unse Rappen sein gutt imstande. Die holt keener ein. Wer de ni beiseite geht, wird iebergefahrn. *Ab*.

Frau Kittelhaus, *in ratloser Angst*. Aber mein Mann? Aber ... aber mein Mann? Aber, Herr Dreißiger, mein Mann?

Dreißiger. Frau Paster, Frau Paster, er is ja gesund. Beruhigen Sie sich doch nur, er is ja gesund.

Frau Kittelhaus. Es ist ihm was Schlimmes zugestoßen. Sie sagen's bloß nich, Sie sagen's bloß nich.

Dreißiger. O lassen Sie's gut sein, die werden's bereun. Ich weiß ganz genau, wessen Hände dabei waren. Eine so namenlose, schamlose Frechheit bleibt nich ungerochen. Eine Gemeinde, die ihren Seelsorger mißhandelt, pfui Teufel! Tolle Hunde, nichts weiter, tollgewordene Bestien, die man demgemäß behandeln wird. *Zu Frau Dreißiger, die wie betäubt dasteht*. Nu so geh doch und rühr dich! *Man hört gegen die Haustür schlagen*. Hörst du denn nich? Das Gesindel ist wahnsinnig geworden. *Man hört Klimpern von zerbrechenden Scheiben, die im Parterre eingeworfen werden*. Das Gesindel hat den Sonnenkoller. Da bleibt nichts übrig, wir müssen machen, daß wir fortkommen.

Man hört vereint rufen. Expedient Feifer soll rauskommen! – Expedient Feifer soll rauskommen!

Frau Dreißiger. Feifer, Feifer, sie wollen Feifer raushaben.

Pfeifer *stürzt herein*. Herr Dreißicher, am Hintertor stehn o schonn Leute. De Haustier hält keene drei Minuten mehr. D'r Wittig Schmied haut mit an Ferdeeimer drauf nei wie a Unsinniger.

Von unten Gebrüll lauter und deutlicher. Expedient Feifer soll rauskommen! – Expedient Feifer soll rauskommen! *Frau Dreißiger rennt davon wie gejagt; ihr nach Frau Kittelhaus. Beide ab*.

Pfeifer *horcht auf, wechselt die Farbe, versteht den Ruf und ist im nächsten Moment von wahnsinniger Angst erfaßt. Das Folgende weint, wimmert, bettelt, winselt er in rasender Schnelligkeit durcheinander. Dabei überhäuft er Dreißiger mit kindischen Liebkosungen, streichelt ihm Wangen und Arme, küßt seine Hände und umklammert ihn schließlich wie ein Ertrinkender, ihn dadurch hemmend und fesselnd und nicht von ihm loslassend*. Ach liebster, scheenster, allergnädigster Herr Dreißicher, lassen Se mich nich zuricke, ich hab' Ihn immer treu gedient; ich hab' ooch de Leute immer gutt behandelt. Mehr Lohn, wie festgesetzt war, könnt' ich'n doch nich geben. Verlassen

Se mich nich, se machen mich kalt. Wenn se mich finden, schlagen se mich tot. Ach Gott im Himmel, ach Gott im Himmel! Meine Frau, meine Kinder ...

Dreißiger, *indem er abgeht, vergeblich bemüht, sich von Pfeifer loszumachen.* Lassen Sie mich doch wenigstens los, Mensch! Das wird sich ja finden; das wird sich ja alles finden. *Ab mit Pfeifer.*

Einige Sekunden bleibt der Raum leer. Im Salon zerklirren Fenster. Ein starker Krach durchschallt das Haus, hierauf brausendes Hurra, danach Stille. Einige Sekunden vergehen, dann hört man leises und vorsichtiges Trappen die Stufen zum ersten Stock empor, dazu nüchterne und schüchterne Ausrufe. Links! – Oben nuf! – Pscht! – Langsam! langsam! – Schipp ock nich! – Hilf schirjen! – Praatz, hab' ich a Ding! – Macht fort, ihr Wirgebänder! – Mir gehn zur Hochzeit! – Geh du nei! – O geh du!

Es erscheinen nun junge Weber und Webermädchen in der Flurtür, die nicht wagen einzutreten und eines das andere hereinzustoßen suchen. Nach einigen Sekunden ist die Schüchternheit überwunden, und die ärmlichen, mageren, teils kränklichen, zerlumpten oder geflickten Gestalten verteilen sich in Dreißigers Zimmer und im Salon, alles zunächst neugierig und scheu betrachtend, dann betastend. Mädchen versuchen die Sofas; es bilden sich Gruppen, die ihr Bild im Spiegel bewundern. Es steigen einzelne auf Stühle, um die Bilder zu betrachten und herabzunehmen, und inzwischen strömen immer neue Jammergestalten vom Flur herein.

Ein alter Weber *kommt.* Nee, nee, da laßt mich aber doch zufriede! Unten da fangen se gar schonn an und richten an Sache zugrunde. Nu die Tollheet! Da is doch kee Sinn und kee Verstand o nich drinne. Ums Ende wird das noch gar sehr a beese Ding. Wer hie an hellen Kopp behält, der macht ni mit. Ich wer mich in Obacht nehmen und wer mich an solchen Untaten beteiligen!

Jäger, Bäcker, Wittig mit einem hölzernen Eimer, Baumert und eine Anzahl junger und alter Weber kommen wie auf der Jagd nach etwas hereingestürmt, mit heiseren Stimmen durcheinanderrufend.

Jäger. Wo is a hin?

Bäcker. Wo is der Menschenschinder?

Der alte Baumert. Kenn mir Gras fressen, friß du Sägespäne.

Wittig. Wenn m'r 'n kriegen, knippen mer'n uf.

Erster junger Weber. Mir nehmen 'n bei a Been'n und schmeißen 'n zum Fenster naus, uf de Steene, daß a bald fer immer liegenbleibt.

Zweiter junger Weber *kommt*. A is fort ieber alle Berge.

Alle. Wer denn?

Zweiter junger Weber. Dreißicher.

Bäcker. Feifer o?

Stimmen. Sucht Feifern! sucht Feifern!

Der alte Baumert. Such, such, Feiferla, 's is a Weberschmann auszuhungern. *Gelächter*.

Jäger. Wenn mersch o ni kriegen, das Dreißicherviech ... arm soll a wern.

Der alte Baumert. Arm soll a wern wie 'ne Kirchenmaus. Arm soll a wern.

Alle stürmen in der Absicht zu demolieren auf die Salontür zu.

Bäcker, *der voraneilt, macht eine Wendung und hält die andern auf.* Halt, heert uf mich! Sei mer hier fertig, da fang m'r erscht recht an. Von hier aus geh mer nach Bielau nieber, zu Dittrichen, der de die mechan'schen Webstiehle hat. Das ganze Elend kommt von a Fabriken.

Ansorge *kommt vom Flur herein. Nachdem er einige Schritte gemacht, bleibt er stehen, sieht sich ungläubig um, schüttelt den Kopf, schlägt sich vor die Stirn und sagt*. Wer bin ich? D'r Weber Anton Ansorge. Is a verruckt geworn, Ansorge? 's is wahr, mit mir dreht sich's ums Kreisel rum wie 'ne Bremse. Was macht a hier? Was a lustig is, wird a woll machen. Wo is a hier, Ansorge? *Er schlägt sich wiederholt vor den Kopf.* Ich bin ni gescheut! Ich steh' fer nischt. Ich bin ni recht richtig. Geht weg, geht weg! Geht weg, ihr Rebeller! Kopp weg, Beene weg, Hände weg! Nimmst du m'r mei Häusl, nehm' ich d'r dei Häusl. Immer druf! *Mit Geheul ab in den Salon. Die Anwesenden folgen ihm mit Gejohl und Gelächter.*

Fünfter Akt

Langenbielau. – Das Weberstübchen des alten Hilse. Links ein Fensterchen, davor ein Webstuhl, rechts ein Bett, dicht darangerückt ein Tisch. Im Winkel rechts der Ofen mit Bank. Um den Tisch, auf Rüsche, Bettkante und Holzschemel sitzend: der alte Hilse, seine ebenfalls alte, blinde und fast taube Frau, sein Sohn Gottlieb und dessen Frau Luise bei der Morgenandacht. Ein Spulrad mit Garnwinde steht zwischen Tisch und Webstuhl. Auf den gebräunten Deckbalken ist allerhand altes Spinn-, Spul- und Webegerät untergebracht. Lange Garnsträhne hängen herunter. Vielerlei Prast liegt überall im Zimmer umher. Der sehr enge, niedrige und flache Raum hat eine Tür nach dem „Hause“ in der Hinterwand. Dieser Tür gegenüber im „Hause“, steht eine andere Tür offen, die den Einblick gewährt in ein zweites, dem ersten ähnliches Weberstübchen. Das „Haus“, ist mit Steinen gepflastert, hat schadhaften Putz und eine baufällige Holztreppe hinauf zur Dachwohnung. Ein Waschfaß auf einem Schemel ist teilweise sichtbar; ärmlichste Wäschestücke, Hausrat armer Leute steht und liegt durcheinander. Das Licht fällt von der linken Seite in alle Räumlichkeiten.

Der alte Hilse, *ein bärtiger, starkknochiger, aber nun von Alter, Arbeit, Krankheit und Strapazen gebeugter und verfallener Mann. Veteran, einarmig. Er ist spitznasig, von fahler Gesichtsfarbe, zittrig, scheinbar nur Haut, Knochen und Sehne und hat die tiefliegenden, charakteristischen, gleichsam wunden Weberaugen. – Nachdem er sich mit Sohn und Schwiegertochter erhoben, betet er.* Du lieber Herrgott, mir kenn dir gar nich genug Dank bezeigen, daß du uns auch diese Nacht in deiner Gnade und Giete ... und hast dich unser erbarmt. Daß mir auch diese Nacht nich han keen'n Schaden genommen. Herr, deine Giete reicht so weit, und mir sein arme, beese, sindhafte Menschenkinder, ni wert, daß dei Fuß uns zertritt, aso sindhaftich und ganz verderbt sein mir. Aber du, lieber Vater, willst uns ansehn und annehmen um deines teuren Sohnes, unsers Herrn und Heilands Jesus Christus willen. Jesu Blut und Gerechtigkeit, das is mein Schmuck und Ehrenkleid. Und wenn auch mir und mer wern manchmal kleenmietig under deiner Zuchtrute – wenn und der Owen d'r Läutrung und brennt gar zu rasnich heiß –, da, rech's uns ni zu hoch an, vergib uns unsre Schuld. Gib uns Geduld, himmlischer Vater, daß mir nach diesem Leeden und wem teilhaftig deiner ewigen Selichkeet. Amen.

Mutter Hilse, *welche vorgebeugt mit Anstrengung gelauscht hat, weinend.* Nee, Vaterle, du machst a zu a scheenes Gebete machst du immer.

Luise begibt sich ans Waschfaß, Gottlieb ins gegenüberliegende Zimmer.

Der alte Hilse. Wo is denn's Madel?

Luise. Nieber nach Peterschwalde – zu Dreißichern. Se hat wieder a paar Strähne verspult nächt'n Abend.

Der alte Hilse, *sehr laut sprechend.* Na, Mutter, nu wer ich d'rsch Rädla bringen.

Mutter Hilse. Nu bring 's, bring's, Aler.

Der alte Hilse, *das Spulrad vor sie hinstellend*. Sieh ock, ich wollt' d'rsch ja zu gerne abnehmen ...

Mutter Hilse. Nee ... nee ... was tät' ock ich anfangen mit der vielen Zeit!?

Der alte Hilse. Ich wer d'r de Finger a bissel abwischen, daß nich etwa's Garn und wird fettig – heerscht de? *Er wischt ihr mit einem Lappen die Hände ab.*

Luise, *vom Waschfaß*. Wo hätt' mir ock Fettes gegessen?!

Der alte Hilse. Hab'n mer kee Fett, eß mirsch Brot trocken – hab'n mer kee Brot, eß mer Kartoffeln – hab'n mer keene Kartoffeln ooch nich, da eß mer trockne Kleie.

Luise, *batzig*. Und hab'n mer kee Schwarzmehl, da machen mersch wie Wenglersch unten, da sehn m'r dernach, wo d'r Schinder a verreckt Ferd hat verscharrt. Das graben m'r aus, und da leben mer amal a paar Wochen von Luder – aso mach mersch! nich wahr?

Gottlieb, *aus dem Hinterzimmer*. Was Geier hast du fer a Geschwatze!?

Der alte Hilse. Du sollt'st dich mehr vorsehn mit gottlosen Reden! *Er begibt sich an den Webstuhl, ruft.* Wollt'st m'r ni helfen, Gottlieb – 's sein ock a paar Fädel zum Durchziehn.

Luise, *vom Waschfaß aus*. Gottlieb, sollst Vatern zureechen. *Gottlieb kommt. Der Alte und sein Sohn beginnen nun die mühsame Arbeit des Kammstechens: Fäden der Werfte werden durch die Augen der Kämme oder Schäfte am Webstuhl gezogen. Kaum haben sie begonnen, so erscheint im „Hause“ Hornig.*

Hornig, *in der Stubentür*. Viel Glick zum Handwerk!

Der alte Hilse und sein Sohn. Scheen Dank, Hornig!

Der alte Hilse. Nu sag amal, wenn schläfst du d'n eegentlich? Bei Tage gehst uf a Handel, in d'r Nacht stehst de uf Wache.

Hornig. Ich hab' doch gar keen'n Schlaf ni mehr!?

Luise. Willkommen, Hornig!

Der alte Hilse. Na was bringst du Gudes?

Hornig. Scheene Neuigkeeten, Meester. De Peterschwalder hab'n amal'n Teiwel riskiert und haben a Fabrikant Dreißiger mitsamst der ganzen Familie zum Loche nausgejagt.

Luise, *mit Spuren von Erregung*. Hornig liegt wieder amal in a hellen Morgen nein.

Hornig. Dasmal nich, junge Frau! dasmal nich. – Scheene Kinderschirzl hätt' ich im Wagen. Nee, nee, ich sag' reene Wahrheet. Se haben 'n heilig fortgejagt. Gestern abend is a nach Reechenbach kommen. Na Gott zu dir! Da han s'n doch ni erseht amal wolln behalt'n – aus Furcht vor a Webern – da hat er doch plutze wieder fortgemußt uf Schweidnitz nein. –

Der alte Hilse, *er nimmt Fäden der Werfte vorsichtig auf und bringt sie in die Nähe des Kammes, durch dessen eines Auge der Sohn von der anderen Seite mit einem Drahthäkchen greift, um die Fäden hindurchzuziehen*. Nu hast aber Zeit, daß de ufheerscht, Hornig!

Hornig. Ich will ni mit heilen Knochen von d'r Stelle gehn. Nee, nee, das weeß ja bald jedes Kind.

Der alte Hilse. Nu sag amal, bin ich nu verwirrt, oder bist du verwirrt?

Hornig. Nu das heeßt. Was ich dir erzählt hab', das is aso wahr wie Amen in d'r Kirche. Ich wollte ja nischt sagen, wenn ich und ich hätte nich d'rbeigestanden, aber aso hab' ich's doch gesehn. Mit eegnen Augen, wie ich dich hier sehn tu', Gottlieb. Gedemoliert haben se'n Fabrikanten sei Haus, unten vom Keller uf bis oben ruf unter de Dachreiter. Aus a Dachfenstern haben se's Porzlan geschmissen – immer iebersch Dach nunter. Wie viel hundert Schock Parchent liegen bloß in d'r Bache?! 's Wasser kann ni mehr fort, kannst's glooben; 's kam immer ieber a Rand riebergewellt; 's sah orntlich schwefelblau aus von dem vielen Indigo, den se haben aus a Fenstern geschitt't. Die himmelblauen

Staubwolken, die kamen bloß immer aso gepulwert. Nee, nee, dort haben se schonn firchterlich geäschert. Ni ock etwa im Wohnhause ... in d'r Färberei ... uf a Speichern ...! 's Treppengeländer zerschlagen, de Dielen ufgerissen – Spiegel zertrimmert – Sofa, Sessel, alles zerrissen und zerschlissen, zerschnitten und zerschmissen – zertreten und zerhackt – nee verpucht! – kannst's glooben, schlimmer wie im Kriege.

Der alte Hilse. Und das sollten hiesige Weber gewest sein? *Er schüttelt langsam und ungläubig den Kopf. An der Tür haben sich neugierige Hausbewohner gesammelt.*

Hornig. Nu, was denn sonste? Ich kennte ja alle mit Namen genenn'n. Ich fiehrt' a Landrat durchs Haus. Da hab' ich ja mit vielen gered't. Se warn aso umgänglich wie sonste. Se machten ihre Sache aso sachte weg, aber se machten's grindlich. D'r Landrat red'te mit vielen. Da warn se aso demietig wie sonste. Aber abhalt'n ließen se sich nich. Die scheensten Meebelsticke, die wurden zerhackt, ganz wie fersch Lohn.

Der alte Hilse. A Landrat hätt'st du durchs Haus gefiehrt?

Hornig. Nu, ich wer mich doch ni firchten. Ich bin doch bekannt bei den Leuten wie a beese Greschl. Ich hab' doch mit keen'n nischt. Ich steh' doch mit allen gut. Aso gewiß wie ich Hornig heeße, so wahr bin ich durchgegangen. Und ihr kennt's dreiste glooben: mir is orntlich weech worn hie rum – und'n Landrat, dem sah ich's wohl ooch an – 's ging'n nahe genug. Denn warum? – Ma heerte ooch noch nich amal a eenzichtes Wort, aso schweigsam ging's her. Orntlich feierlich wurd' een zumutte, wie die armen Hungerleider und nahmen amal ihre Rache dahier.

Luise, *mit ausbrechender, zitternder Erregung, zugleich die Augen mit der Schürze reibend*. Aso is ganz recht, aso muß kommen!

Stimmen der Hausbewohner. Hier gäb's o Menschenschinder genug. – Da drieben wohnt glei eener. – Der hat vier Pferde und sechs Kutschwagen im Stalle und läßt seine Weber d'rfiere hungern.

Der alte Hilse, *immer noch ungläubig*. Wie sollte das aso rauskommen sein, dort drieben?

Hornig. Wer weeß nu!? Wer weeß ooch!? Eener spricht so, d'r andre so.

Der alte Hilse. Was sprechen se denn?

Hornig. Na, Gott zu dir, Dreißiger sollte gesagt hab'n: de Weber kennten ja Gras fressen, wenn se hungern täten. Ich weeß nu weiter nich. *Bewegung auch unter den Hausbewohnern, die es einer dem andern unter Zeichen der Entrüstung weitererzählen*.

Der alte Hilse. Nu heer amal, Hornig. Du kennt'st mir meinsweg'n sagen: Vater Hilse, morgen mußt du sterben. Das kann schonn meeglich sein, werd' ich sprechen – warum denn ni? – Du kennt'st mir sagen: Vater Hilse, morgen besucht dich d'r Keenich von Preußen – aber daß Weber, Menschen wie ich und mei Sohn – und sollten solche Sachen haben vorgehabt – nimmermehr! Nie und nimmer wer ich das glooben.

Mielchen, *siebenjähriges, hübsches Mädchen mit langen offenen Flachshaaren, ein Körbchen am Arm, kommt hereingesprungen. Der Mutter einen silbernen Eßlöffel entgegenhaltend*. Mutterle, Mutterle! sieh ock, was ich hab'! Da sollst mer a Kleedl d'rfier koofen.

Luise. Was kommst'n du aso gejädert, Mädel? *Mit gesteigerter Aufregung und Spannung*. Was bringst'n da wieder geschleppt, sag emal. Du bist ja ganz hinter a Oden gekommen. Und de Feifel sein noch im Kerbel. Was soll denn das heeßen, Mädel?

Der alte Hilse. Mädel, wo hast du den Leffel her?

Luise. Kann sein, se hat'n gefunden.

Hornig. Seine zwee, drei Taler is der gutt wert.

Der alte Hilse, *außer sich*. Naus, Mädel! naus! Glei machst, daß d' nauskommst. Wirscht du glei folgen, oder soll ich a Priegel nehmen?! Und den Leffel trägst hin, wo d'n herhast. Naus! Willst du uns alle mitsammen zu Dieben machen, hä? Dare, dir wer ich's Mausen austreiben. *Er sucht etwas zum Hauen*.

Mielchen, *sich an der Mutter Röcke klammernd, weint*. Großvaterle, hau mich nich – mer – haben's – doch ge–gefunden. De – Spul ... Spul–kinder – haben – alle – welche.

Luise, *zwischen Angst und Spannung hervorstoßend*. Nu da siehst's doch, gefunden hat sie's. Wo hast's denn gefunden?

Mielchen, *schluchzend*. In Petersch–walde haben – mersch ge–funden, vor Dreißigersch – Hause.

Der alte Hilse. Nu da hätt m'r ja de Bescheerung. Nu mach aber lang, sonster wer ich d'r uf a Trab helfen.

Mutter Hilse. Was geht denn vor?

Hornig. Itz will ich d'r was sag'n, Vater Hilse. Laß Gottlieben a Rock anziehn, a Leffel nehmen und ufs Amt tragen.

Der alte Hilse. Gottlieb, zieh d'r a Rock an!

Gottlieb, *schon im Anziehen begriffen, eifrig*. Und da wer ich uf de Kanzlei gehn und sprechen: se sollten's nich iebelnehmen, aso a Kind hätte halt doch no nich aso's Verständnis dervon. Und da brächt' ich den Leffel. Heer uf zu flerrn, Mädel!

Das weinende Kind wird von der Mutter ins Hinterzimmer gebracht, dessen Tür sie schließt. Sie selbst kommt zurück.

Hornig. Seine drei Taler kann der gutt Wert haben.

Gottlieb. Gib ock a Tiechl, Luise, daß a nich zu Schaden kommt. Nee, nee, aso, aso a teuer Dingl. *Er hat Tränen in den Augen, während er den Löffel einwickelt.*

Luise. Wenn mir a hätt'n, kennt mer viele Wochen leben.

Der alte Hilse. Mach, mach, feder dich! Feder dich aso sehr, wie de kannst! Das wär' aso was! Das fehlt mir noch gerade. Mach, daß mir den Satansleffel vom Halse kriegen. *Gottlieb ab mit dem Löffel.*

Hornig. Na nu wer ich ooch sehn, daß ich weiterkomme. *Er geht, unterhält sich im „Haus“ noch einige Sekunden, dann ab.*

Chirurgus Schmidt, *ein quecksilbriges, kugliges Männchen mit weinrotem, pfiffigem Gesicht kommt ins „Haus“*. Gu'n Morgen, Leute! Na, das sind m'r scheene Geschichten. Kommt mir nur! *Mit dem Finger drohend*. Ihr habt's dick hintern Ohren. *In der Stubentür, ohne hereinzukommen*. Gu'n Morgen, Vater Hilse! *Zu einer Frau im „Hause“*. Nu, Mutterle, wie steht's mit'n Reißen? Besser, wie? Na säht Ihr woll! Vater Hilse, ich muß doch ooch mal schaun, wie's bei Euch aussieht. Was Teuwel is denn dem Mutterle?

Luise. Herr Dokter, de Lichtadern sein er vertrockn't, se sieht gar gar nischt mehr.

Chirurgus Schmidt. Das macht der Staub und das Weben bei Licht. Na sagt amal, kennt ihr euch darieber'n Versch machen? Ganz Peterschwaldau is ja auf'n Beinen hier rieber. Ich setz' mich heut frieh in meinen Wagen, denke nischt Iebels, nicht mit einer Faser. Höre da fermlich Wunderdinge. Was in drei Teiwels Namen ist denn in die Menschen gefahren, Hilse? Wüten da wie'n Rudel Welfe. Machen Revolution, Rebellion; werden renitent, plündern und marodieren ... Mielchen! wo is denn Mielchen? *Mielchen, noch rot vom Weinen, wird von der Mutter hereingeschoben*. Da, Mielchen, greif mal in meine Rockschöße. *Mielchen tut es*. Die Feffernisse sind deine. Na, na; nich alle auf einmal. Schwernotsmädel! Erst singen! Fuchs, du hast die ... na? Fuchs, du hast die ... Gans ... Wart nur du, was du gemacht hast: du hast ja die Sperlinge uf'n Pfarrzaune Stengelscheißer genannt. Die haben's angezeigt beim Herr Kanter. Na nu sag bloß ein Mensch. An fünfzehnhundert Menschen sind auf der Achse. *Fernes Glockenläuten*. Hört mal: – in Reichenbach läuten sie Sturm. Finfzehnhundert Menschen. Der reine Weltuntergang. Unheimlich!

Der alte Hilse. Da kommen sie wirklich hier rieber nach Bielau?

Chirurgus Schmidt. Nu freilich, freilich, ich bin ja durchgefahren. Mitten durch a ganzen Schwärm. Am liebsten wär' ich abgestiegen und hätte glei jed'm a Pulwerle gegeben. Da trottelt eener hinterm andern her wie's graue Elend und verfiehren ein Gesinge, daß een fermlich a Magen umwend't, daß een richtig zu wirgen anfängt. Mei Friedrich uf'm Bocke, der hat genatscht wie a alt Weib. Mir mußten uns glei d'rhinterher'n tichtichen Bittern koofen. Ich meechte kee Fabrikante sein, und wenn ich gleich uf Gummirädern fahrn kennte. *Fernes Singen*. Horcht mal! Wie wenn man mit a Knecheln 'n alten, zersprungenen Bunzeltopp bearbeit. Kinder, das dauert nich fünf Minuten, da haben mer se hier. Adje, Leute. Macht keene Tummheiten. Militär kommt gleich dahinterher. Bleibt bei Verstande. Die Peterswaldauer hab'n a Verstand verloren. *Nahes Glockenläuten*. Himmel, nu fangen unsre Glocken auch noch an, da müssen ja die Leute vollens ganz verrickt werd'n. *Ab in den Oberstock*.

Gottlieb *kommt wieder. Noch im „Hause", mit fliegendem Atem*. Ich hab' se gesehn, ich hab' se gesehn. *Zu einer Frau im „Hause"*. Se sein da, Muhme, se sein da! *In der Tür*. Se sein da, Vater, se sein da! Se haben Bohnenstangen und Stichliche und Hacken. Se stehn schonn beim oberschten Dittriche und machen Randal. Se kriegen, gloob' ich, Geld ausgezahlt. O Jes's, was wird ock noch werden dahier? Ich seh' nich hin. Aso viel Leute, nee aso viel Leute! Wenn die erseht und nehmen an Anlauf – o verpucht, o verpucht! da sein unsere Fabrikanten o beese dran.

Der alte Hilse. Was bist denn so gelaufen! Du wirscht aso lange jächen, biste wirscht wieder amal dei altes Leiden haben, biste wirscht wieder amal uf'n Ricken liegen und um dich schlagen.

Gottlieb, *halb und halb freudig erregt*. Nu ich mußte doch laufen, sonste hätten die mich ja festegehalten. Se prillten ja schonn alle: ich sollte de Hand auch hinrecken. Pate Baumert war ooch d'rbei. Der meent' ieber mich, hol d'r ock ooch an Finfbeehmer, du bist o a armer Hungerleider. A sagte gar: sag du's dein'n Vater ... Ich sollt's Ihn sagen, Vater, Se sollten kommen und sollten mit helfen, a Fabrikanten de Schinderei heemzahlen. *Mit Leidenschaft*. 's kämen jetzt andre Zeiten, meent' a.

Jetzt tat' a ganz andre Ding werden mit uns Webern. M'r sollten alle kommen und's mit helfen durchsetzen. Mir wollten alle jetzt o unser Halbfindl Fleesch zum Sonntage haben und an allen heiligen Tagen amal an Bluttwurscht und Kraut. Das tät' jetzt alles a ganz andre Gesichte kriegen, meent' er ieber mich.

Der alte Hilse, *mit unterdrückter Entrüstung*. Und das will dei Pate sein?! Und heeßt dich a an solchen sträflichen Werke mit teelnehmen?! Laß du dich nich in solche Sachen ein, Gottlieb. Da hat d'r Teifel seine Hand im Spiele. Das is Satansarbeit, was die machen.

Luise, *übermannt von leidenschaftlicher Aufregung, heftig*. Ja, ja, Gottlieb, kaffer du dich hinter a Owen, in de Helle, nimm d'r an Kochleffel in de Hand und 'ne Schissel voll Puttermilch uf de Knie, zieh d'r a Reckel an und sprich Gebetl, so bist'n Vater recht. – Und das will a Mann sein? *Lachen der Leute im „Hause"*.

Der alte Hilse, *bebend, mit unterdrückter Wut*. Und du willst 'ne richtige Frau sein, hä? Da wer ich dirsch amal orntlich sagen. Du willst 'ne Mutter sein und hast so a meschantes Maulwerk dahier? Du willst dein'n Mädel Lehren geben und hetzt dein'n Mann uf zu Verbrechen und Ruchlosigkeiten?!

Luise, *maßlos*. Mit Euren bigotten Räden ... dadervon da is mir o noch nich amal a Kind satt geworn. Derwegen han se gelegen alle viere in Unflat und Lumpen. Da wurd' ooch noch nich amal a eenzichtes Winderle trocken. Ich will 'ne Mutter sein, daß d's weeßt! und deswegen, daß d's weeßt, winsch' ich a Fabrikanten de Helle und de Pest in a Rachen nein. Ich bin ebens 'ne Mutter. – Erhält ma woll so a Wirml?! Ich hab' mehr geflennt wie Oden geholt von dem Augenblicke an, wo aso a Hiperle uf de Welt kam, bis d'r Tod und erbarmte sich drieber. Ihr habt Euch an Teiwel gescheert. Ihr habt gebet't und gesungen, und ich hab' m'r de Fieße bluttich gelaufen nach een'n eenzichten Neegl Puttermilch. Wie viel hundert Nächte hab' ich mir a Kopp zerklaubt, wie ich ock und ich kennte so a Kindl ock a eenzich Mal um a Kirchhoof rumpaschen. Was hat so a Kindl verbrochen, hä? und muß so a elendigliches Ende nehmen – und drieben bei Dittrichen, da wem se in Wein gebad't und mit Milch gewaschen. Nee, nee: wenn's hie losgeht – ni zehn Pferde solin mich zurickehalten. Und das sag' ich: stürmen se Dittrichens Gebäude – ich bin de erschte – und Gnade jeden, der mich will abhalten. – Ich hab's satt, aso viel steht feste.

Der alte Hilse. Du bist gar verfallen; dir is ni zu helfen.

Luise, *in Raserei*. Euch is nich zu helfen. Lappärsche seid ihr. Haderlumpe, aber keene Manne. Gattschliche zum Anspucken. Weechquarkgesichter, die vor Kinderklappern Reißaus nehmen. Kerle, die dreimal „scheen Dank“ sagen fer 'ne Tracht Priegel. Euch haben se de Adern so leer gemacht, daß ihr ni amal mehr kennt rot anlaufen im Gesichte. An Peitsche sollt' ma nehmen und euch a Krien einbleun in eure faulen Knochen. *Schnell ab.*

Verlegenheitspause.

Mutter Hilse. Was is denn mit Liesln, Vater?

Der alte Hilse. Nischte, Mutterle. Was soll denn sein?

Mutter Hilse. Sag amal, Vater, macht mirsch bloß aso was vor, oder läuten de Glocken?

Der alte Hilse. Se wern een'n begraben, Mutter.

Mutter Hilse. Und mit mir will's halt immer noch kee Ende nehmen. Warum sterb' ich ock gar nich, Mann?

Pause.

Der alte Hilse *läßt die Arbeit liegen, richtet sich auf, mit Feierlichkeit*. Gottlieb! – Dei Weib hat uns solche Sachen gesagt. Gottlieb, sieh amal her! *Er entblößt seine Brust*. Dahier saß a Ding, aso groß wie a Fingerhutt. Und wo ich menn Arm hab' gelassen, das weeß d'r Keenig. De Mäuse haben mer'n nich abgefressen. *Er geht hin und her*. Dei Weib – an die dachte noch gar kee Mensch, da hab' ich schonn mei Blutt quartweise fersch Vaterland verspritzt. Und deshalb mag se plärrn, so viel wie se Lust hat. – Das soll mir recht sein. Das is mir Schißkojenne. –

Ferchten? Ich und mich ferchten? Vor was denn ferchten, sag m'r a eenzigtes Mal. Vor den paar Soldaten, die de vielleicht und kommen hinter a Rebellern her? O Jeckerle! wärsch doch! Das war' halb schlimm. Nee, nee, wenn ich schonn a bissei morsch bin uf a Rickgrat. – Wenn's druf ankommt, hab' ich Knochen wie Elfenbeen. Da nehm' ich's schonn noch uf mit a paar lumpigten Bajonettern. – Na und wenn's gar schlimm käm'!? O viel zu gerne, viel zu gerne tät' ich Feierabend machen. Zum Sterben ließ ich mich gewiß ni lange bitten. Lieber heut wie morgen. Nee, nee. Und's war' o gar! Denn was verläßt eens denn? Den alten Marterkasten wird ma doch ni etwa beweinen? Das Häufel Himmelsangst und Schinderei da, das ma Leben nennt, das ließ' man gerne genug im Stiche. – Aber dann, Gottlieb! dann kommt was – und wenn ma sich das auch noch verscherzt – dernachert is 's erseht ganz alle.

Gottlieb. Wer weeß, was kommt, wenn eens tot is? Gesehn hat's keener.

Der alte Hilse. Ich sag' dirsch, Gottlieb! zweifle nich an dem eenzigten, was mir armen Menschen haben. Fer was hätt' ich denn hier gesessen – und Schemel getreten uf Mord vierzig und mehr Jahr? und hätte ruhig zugesehn, wie der dort drieben in Hoffart und Schwelgerei lebt – und Gold macht aus mein'n Hunger und Kummer. Fer was denn? Weil ich 'ne Hoffnung hab'. Ich hab' was in aller der Not. *Durchs Fenster weisend*. Du hast hier deine Parte – ich drieben in jener Welt: das hab' ich gedacht. Und ich lass' mich vierteein – ich hab' 'ne Gewißheet. Es ist uns verheißen. Gericht wird gehalten, aber nich mir sein Richter, sondern: mein is die Rache, spricht der Herr, unser Gott.

Eine Stimme, *durchs Fenster*. Weber raus!

Der alte Hilse. – Vor mir – macht, was d'r lustig seid. *Er steigt in den Webstuhl*. Mich werd'r woll missen drinnelassen.

Gottlieb, *nach kurzem Kampf*. Ich wer gehn und wer arbeiten. Mag kommen, was will. *Ab*.

Man hört das Weberlied vielhundertstimmig und in nächster Nähe gesungen; es klingt wie ein dumpfes, monotones Wehklagen.

Stimmen der Hausbewohner, *im „Hause“*. O jemersch, jemersch, nu kommen se aber wie de Ameisen. – Wo sein ock die vielen Weber her? – Schipp ock nich, ich will ooch was sehn. – Nu sieh ock die lange Latte, die de vorneweg geht. – Ach! ach! nu kommen se knippeldicke!

Hornig *tritt unter die Leute im „Hause“*. Gelt, das is amal aso a Theater? So was sieht man nich alle Tage. Ihr sollt't ock ruf kommen zum oberschten Dittriche. Da haben se schonn wieder a Ding gemacht, das an Art hat. Der hat kee Haus ni mehr, keene Fabricke ni mehr – keen Weinkeller ni mehr, kee gar nischte mehr. Die Flaschen, die saufen se aus ... da nehmen se sich gar nich erseht amal Zeit, de Froppen rauszureißen. Eens, zwee, drei sein de Hälse runter, ob se sich's Maul ufschneiden mit a Scherben oder nich. Manche laufen rum und blutten wie de Schweine. – Nu wem se den hiesigen Dittrich ooch noch hochnehmen.

Der Massengesang ist verstummt.

Stimmen der Hausbewohner. Die sehn doch reen gar nich aso beese aus.

Hornig. Nu laßt's gutt sein! wart's ock ab! Jetzt nehmen s'n de Gelegenheit erschte richtig in Augenschein. Sieh ock, wie se den Palast von allen Seiten ufs Korn nehmen. Seht ock den kleenen, dicken Mann – a hat'n Ferdeeimer mite. Das is a Schmied von Peterschwalde, a gar a sehr gefirre Männdl. Der haut de dicksten Tieren ein wie Schaumprezeln – das kennt'r glooben. Wenn der amal an Fabrikanten in de Mache kriegt – der hat aber verspielt dahier!

Stimmen der Hausbewohner. Praatz, hast a Ding! – Da flog a Stein ins Fenster! – Nu kriegt's d'r alte Dittrich mit d'r Angst. – A hängt an Tafel raus. – An Tafel hängt a raus? – Was steht's denn druf? – Kannst du ni lesen? – Was sollte ock aus mir wem, wenn ich ni lesen kennte. – Na, lies amal! – „Ihr – sollt – alle – befrie–digt werden, ihr – sollt – alle – befriedigt werden."

Hornig. Das könnt' a underwegens lassen. Helfen tutt's ooch nich aso viel. Die Brieder haben eegne Mucken. Hier is uf de Fabricke abgesehn. De mechan'schen Stiehle, die wolln se doch aus d'r Welt schaffen. Die sein's doch halt eemal, die a Handweber zugrunde richten: das sieht doch a Blinder. Nee, nee! die Christen sein heut eemal im Zuge. Die bringt kee Landrat und kee Verwalter zu Verstande – und keene Tafel schonn lange nich. Wer die hat sehn wirtschaften – der weeß, was 's geschlagen hat.

Stimmen der Hausbewohner. Ihr Leute, ihr Leute, aso 'ne Menschheet! – Was wolln denn die? – *Hastig.* Die kommen ja ieber die Bricke rieber!? – *Ängstlich.* Die kommen woll uf de kleene Seite? *In höchster Überraschung und Angst.* Die kommen zu uns, die kommen zu uns. – Se holn de Weber aus a Häusern raus.

Alle flüchten, das „Haus" ist leer. Ein Schwärm Aufständischer, beschmutzt, bestaubt, mit von Schnaps und Anstrengung geröteten Gesichtern, wüst, übernächtigt, abgerissen, dringt mit dem Ruf Weber raus! ins „Haus" und zerstreut sich von da in die einzelnen Zimmer. Ins Zimmer des alten Hilse kommen Bäcker und einige junge Weber, mit Knütteln und Stangen bewaffnet. Als sie den alten Hilse erkennen, stutzen sie, leicht abgekühlt.

Bäcker. Vater Hilse, heert uf mit der Exterei. Laßt Ihr das Bänkl dricken, wer Lust hat. Ihr braucht Euch keen'n Schaden nich mehr antreten. Dafor wird gesorgt wern.

Erster junger Weber. Ihr sollt ooch keen'n Tag nich mehr hungrich schlafen gehn.

Zweiter junger Weber. D'r Weber soll wieder a Dach ieber a Kopp und a Hemde uf a Leib kriegen.

Der alte Hilse. Wo bringt euch d'r Teiwel her mit Stangen und Äxten?

Bäcker. Die schlag mer inzwee uf Dittrichens Puckel.

Zweiter junger Weber. Die mach m'r gliehend und stoppen se a Fabrikanten in a Rachen, daß se auch amal merken, wie Hunger brennt.

Dritter junger Weber. Kommt mit, Vater Hilse! mir geben kee Pardon.

Zweiter junger Weber. Mit uns hat o keener Erbarmen gehabt. Weder Gott noch Mensch. Jetzt schaffen mir uns selber Recht.

Der alte Baumert *kommt herein, schon etwas unsicher auf den Füßen, einen geschlachteten Hahn unterm Arm. Er breitet die Arme aus.* Brie–derle – mir sein alle Brieder! Kommt an mei Herze, Brieder! *Gelächter.*

Der alte Hilse. Aso siehst du aus, Willem!?

Der alte Baumert. Gustav, du!? Gustav, armer Hungerleider, komm an mei Herze. *Gerührt.*

Der alte Hilse *brummt*. Laß mich zufriede.

Der alte Baumert. Gustav, aso is's. Glick muß d'r Mensch hab'n. Gustav, schmeiß amal a Auge uf mich. Wie seh' ich aus? Glick muß d'r Mensch haben! Seh' ich nich aus wie a Graf? *Sich auf den Bauch schlagend*. Rat amal, was in dem Bauche steckt? A Edelmannsfressen steckt in dem Bauche. Glick muß d'r Mensch haben, da kriegt a Schlampancher und Hasengebratnes.–Ich wer euch was sagen: mir haben halt an Fehler gemacht: zulangen miß mer.

Alle, *durcheinander*. Zulangen miß mer, hurra!

Der alte Baumert. Und wenn ma de erschten gutten Bissen verdrickt hat, da spiert ma's woll balde in d'r Natur. H–uchjesus, da kriegt man 'ne Forsche, aso stark wie a Bremmer. Da treibt's een de Stärke aus a Gliedmaßen ock aso raus, daß man gar ni mehr sieht, wo man hinhaut. Verflugasich die Lust aber ooch!

Jäger, *in der Tür, bewaffnet mit einem alten Kavalleriesäbel*. Mir hab'n a paar famoste Attacken gemacht.

Bäcker. Mir hab'n die Sache schonn sehr gutt begriffen. Eens, zwee, drei sind mer drinne in a Häusern. Da geht's aber o schonn wie helles Feuer. Daß ock aso prasselt und zittert. Daß de Funken spritzen wie in d'r Feueresse.

Erster junger Weber. Mir sollten gar amal a klee Feuerle machen.

Zweiter junger Weber. Mir ziehn nach Reechenbach und zinden a Reichen de Häuser ieberm Koppe an.

Jäger. Das war' den a Gestrichnes. Da kriegten se erseht gar viel Feuerkasse.

Gelächter.

Bäcker. Von hier ziehn mer na Freiburg zu Tromtran.

Jäger. M'r sollten amal de Beamten hochnehmen. Ich hab's gelesen, von a Birokratern kommt alles Unglicke.

Zweiter junger Weber. Mir ziehn balde nach Breslau. Mir kriegen ja immer mehr Zulauf.

Der alte Baumert, *zu Hilse*. Nu trink amal, Gustav!

Der alte Hilse. Ich trink' nie keen'n Schnaps.

Der alte Baumert. Das war in d'r alten Welt, heut sind mir in eener andern Welt, Gustav!

Erster junger Weber. Alle Tage is nich Kirms.

Gelächter.

Der alte Hilse, *ungeduldig*. Ihr Hellenbrände, was wollt ihr bei mir?!

Der alte Baumert, *ein wenig verschüchtert, überfreundlich*. Nu sieh ock, ich wollt' d'r a Hähndl bringen. Sollst Muttern der von an Suppe kochen.

Der alte Hilse, *betroffen, halb freundlich*. Oh, geh und sag's Muttern.

Mutter Hilse *hat, die Hand am Ohr, mit Anstrengung hingehorcht, nun wehrt sie mit den Händen ab*. Laßt mich zufriede. Ich mag keene Hiehndlsuppe.

Der alte Hilse. Hast recht, Mutter. Ich ooch nich. Aso eene schonn gar nich. Und dir, Baumert! dir will ich a Wort sag'n. Wenn de Alten schwatzen wie de kleen'n Kinder, da steht d'r Teiwel uf'm Koppe vor Freiden. Und daß ihrsch wißt! Daß ihrsch alle wißt: ich und ihr, mir haben nischt nich gemeen. Mit mein'n Willen seit'r nich hier. Ihr habt hier nach Recht und Gerechtichkeet nischt nich zu suchen!

Stimme. Wer nich mit uns is, der is wider uns.

Jäger, *brutal drohend*. Du bist gar sehr schiefgewickelt. Heer amal, Aler, mir sind keene Diebe.

Stimme. Mir haben Hunger, weiter nischt.

Erster junger Weber. Mir wolln leben und weiter nischt. Und deshalb haben mer a Strick durchgeschnitten, an dem mer hingen.

Jäger. Und das war ganz recht! *Dem Alten die Faust vors Gesicht haltend*. Sag du noch ee Wort! Da setzt's a Ding nein – mitten ins Zifferblatt.

Bäcker. Gebt Ruhe, gebt Ruhe! Laß du den alten Mann. – Vater Hilse: aso denken mir eemal: eher tot, wie aso a Leben noch eemal anfangen.

Der alte Hilse. Hab' ich's nich gelebt sechzig und mehr Jahr?

Bäcker. Das is egal; anderscher muß doch werden.

Der alte Hilse. Am Nimmermehrschtage.

Bäcker. Was mir nich gutwillig kriegen, das nehmen mir mit Gewalt.

Der alte Hilse. Mit Gewalt? *Lacht*. Nu da laßt euch bald begraben dahier. Se wern's euch beweisen, wo de Gewalt steckt. Nu wart ock, Pirschl!

Jäger. Etwa wegen a Soldaten? Mir sein auch Soldaten gewest. Mit a paar Kompanien wern mir schonn fertig werden.

Der alte Hilse. Mid'n Maule, da gloob' ich's. Und wenn ooch: zwee jagt'r naus, zehne kommen wieder rein.

Stimmen, *durchs Fenster*. Militär kommt. Seht euch vor! *Allgemeines, plötzliches Verstummen. Man hört einen Moment schwach Querpfeifen und Trommeln. In die Stille hinein ein kurzer, unwillkürlicher Ruf*. O verpucht! Ich mach' lang!

Allgemeines Gelächter.

Bäcker. Wer red't hier von Ausreißen? Wer ist das gewest?

Jäger. Wer tutt sich hier firchten vor a paar lumpichten Pickelhauben? Ich wer euch kommandieren. Ich bin beim Kommiß gewest. Ich kenne den Schwindel.

Der alte Hilse. Mit was wollt er'n schissen? Woll mit a Priegeln, hä?

Erster junger Weber. Den alten Kropp laßt zufriede, a is ni recht richtig im Oberstiebel.

Zweiter junger Weber. A bissel iebertrabt is a schonn.

Gottlieb *ist unbemerkt unter die Aufständischen getreten, packt den Sprecher*. Sollst du an alten Manne so fläm'sch kommen?

Erster junger Weber. Laß mich zufriede, ich hab' nischt Beeses gesagt.

Der alte Hilse, *sich ins Mittel legend*. O laß du'n labern. Vergreif dich nich, Gottlieb. A wird balde genug einsehn, wer de heute verwirrt is, ich oder er.

Bäcker. Gehst mit uns. Gottlieb?

Der alte Hilse. Das wird a woll bleibenlassen.

Luise *kommt ins „Haus", ruft herein*. O halt euch ni uf erscht. Mit solchen Gebetbichl-Hengsten verliert erscht keene Zeit. Kommt uf a Platz! Uf a Platz sollt'r kommen. Pate Baumert, kommt aso schnell, wie er kennt. D'r Major spricht mit a Leuten vom Ferde runter. Se sollten heemgehn. Wenn ihr ni schnell kommt, haben mer verspielt.

Jäger, *im Abgehen*. Du hast'n scheen'n tapfern Mann.

Luise. Wo hätt' ich an Mann? Ich hab' gar keen'n Mann!

Im „Hause" singen einige.

> 's war amal a kleener Mann,
> he, juchhe!
> Der wollt' a groß Weibl han.
> He didel didel dim dim dim heirassassa!

Wittig *ist, einen Pferdeeimer in der Faust, vom Oberstock gekommen, will hinaus, bleibt im „Hause" einen Augenblick stehen*. Druf! wer de kee Hundsfott sein will, hurra! *Er stürmt hinaus. Eine Gruppe, darunter Luise und Jäger, folgen ihm mit Hurra.*

Bäcker. Lebt g'sund, Vater Hilse, mir sprechen uns wieder.

Will ab.

Der alte Hilse. Das gloob' ich woll schwerlich. Finf Jahr leb' ich ni mehr. Und eher kommste ni wieder raus.

Bäcker, *verwundert stehenbleibend*. Wo denn her, Vater Hilse?

Der alte Hilse. Aus'n Zuchthause; woher denn sonste?

Bäcker, *wild herauslachend*. Das wär' mir schonn lange recht. Da kriegt ma wenigstens satt Brot, Vater Hilse! *Ab.*

Der alte Baumert *war in stumpfsinniges Grübeln, auf einem Schemel hockend, verfallen; nun steht er auf*. 's is wahr, Gustav, an kleene Schleuder hab' ich. Aber derwegen bin ich noch klar genug im Kopfe dahier. Du hast deine Meenung von der Sache, ich hab' meine. Ich sag: Bäcker hat recht, nimmt's a Ende in Ketten und Stricken – im Zuchthause is immer noch besser wie d'rheeme. Da is ma versorgt; da braucht ma nich darben. Ich wollte ja gerne nich mitmachen. Aber sieh ock, Gustav; d'r Mensch muß doch a eenziges Mal an Augenblick Luft kriegen. *Langsam nach der Tür*. Leb gesund, Gustav. Sollte was vorfalln, sprich a Gebetl fer mich mit, heerscht! *Ab.*

Von den Aufständischen ist nun keiner mehr auf dem Schauplatz. Das „Haus" füllt sich allmählich wieder mit neugierigen Bewohnern. Der alte Hilse knüpft an der Werfte herum. Gottlieb hat eine Axt hinterm Ofen hervorgeholt und prüft unbewußt die Schneide. Beide, der Alte und Gottlieb, stumm bewegt. Von draußen dringt das Summen und Brausen einer großen Menschenmenge.

Mutter Hilse. Nu sag ock, Mann, de Dielen zittern ja aso sehr – was geht denn vor?. Was soll denn hier werd'n?

Pause.

Der alte Hilse. Gottlieb!

Gottlieb. Was soll ich denn?

Der alte Hilse. Laß du die Axt liegen.

Gottlieb. Wer soll denn Holz kleenemachen? *Er lehnt die Axt an den Ofen.*

Pause.

Mutter Hilse. Gottlieb, heer du uf das, was d'r Vater sagt.

Stimme, *vor dem Fenster singend.*

> Kleener Mann, blei ock d'rheem,
> he, juchhe!
> Mach Schissel und Teller reen.
> Hei didel didel, dim dim dim.

Vorüber.

Gottlieb *springt auf, gegen das Fenster mit geballter Faust*. Aas, mach mich ni wilde!

Es kracht eine Salve.

Mutter Hilse. *ist zusammengeschrocken.* O Jesus Christus, nu donnert's woll wieder!?

Der alte Hilse. *die Hand auf der Brust, betend.* Nu, lieber Herrgott im Himmel! Schitze die armen Weber, schitz meine armen Brieder!

Es entsteht eine kurze Stille.

Der alte Hilse. *für sich hin, erschüttert.* Jetzt fließt Blutt.

Gottlieb *ist im Moment, wo die Salve kracht, aufgesprungen und hält die Axt mit festem Griff in der Hand, verfärbt, kaum seiner mächtig vor tiefer innerer Aufregung.* Na, soll man sich etwa jetzt o noch kuschen?

Ein Webermädchen, *vom „Haus" aus ins Zimmer rufend.* Vater Hilse, Vater Hilse, geh vom Fenster weg. Bei uns oben ins Oberstiebl is 'ne Kugel durchs Fenster geflogen. *Verschwindet.*

Mielchen *steckt den lachenden Kopf zum Fenster herein.* Großvaterle, Großvaterle, se haben mit a Flinte geschossen. A paare sind hingefalln. Eener, der dreht sich so ums Kringl rum, immer ums Rädl rum. Eener, der tat so zappeln wie a Sperling, dem man a Kopp wegreißt. Ach, ach und aso viel Blut kam getreetscht –! *Sie verschwindet.*

Eine Weberfrau. A paar hab'n se kaltgemacht.

Ein alter Weber , *im „Hause".* Paßt ock uf, nu nehmen sie's Militär hoch.

Ein zweiter Weber, *fassungslos.* Nee, nu seht bloß de Weiber, seht bloß de Weiber! Wern se ni de Recke hochheben! Wern se ni's Militär anspucken!

Eine Weberfrau *ruft herein.* Gottlieb, sieh dir amal dei Weib an, die hat mehr Krien wie du, die springt vor a Bajonettern rum, wie wenn se zur Musicke tanzen tät'.

Vier Männer tragen einen Verwundeten durchs „Hause". Stille. Man hört deutlich eine Stimme sagen. 's is d'r Ulbrichs Weber. *Die Stimme nach wenigen Sekunden abermals.* 's wird woll Feierabend sein mit'n; a hat 'ne Prellkugel ins Ohr gekriegt. *Man hört die Männer eine Holztreppe hinaufgehen. Draußen plötzlich.* Hurra, hurra!

Stimmen im „Hause“. Wo haben s'n de Steene her? – Nu zieht aber Leine! – Vom Chaussebau. – Nu hattjee, Soldaten. – Nu regnet's Flastersteene.

Draußen Angstgekreisch und Gebrüll, sich fortpflanzend bis in den Hausflur. Mit einem Angstruf wird die Haustür zugeschlagen.

Stimmen im „Hause“. Se laden wieder. – Se wern glei wieder 'ne Salve geb'n. – Vater Hilse, geht weg vom Fenster.

Gottlieb *rennt nach der Axt*. Was, was, was! Sein mir tolle Hunde!? Solln mir Pulver und Blei fressen statts Brot? *Mit der Axt in der Hand einen Moment lang zögernd, zum Alten*. Soll mir mei Weib derschossen werd'n? Das soll nich geschehn! *Im Fortstürmen*. Ufgepaßt, jetzt komm' ich! *Ab*.

Der alte Hilse. Gottlieb, Gottlieb!

Mutter Hilse. Wo is denn Gottlieb?

Der alte Hilse. Beim Teiwel is a.

Stimme, *vom „Hause“*. Geht vom Fenster weg, Vater Hilse!

Der alte Hilse. Ich nich! Und wenn ihr alle vollens drehnig werd! *Zu Mutter Hilse mit wachsender Ekstase*. Hie hat mich mei himmlischer Vater hergesetzt. Gell, Mutter? Hie bleiben mer sitzen und tun, was mer schuldig sein, und wenn d'r ganze Schnee verbrennt. *Er fängt an zu weben*.

Eine Salve kracht. Zu Tode getroffen, richtet sich der alte Hilse hoch auf und plumpt vornüber auf den Webstuhl. Zugleich erschallt verstärktes Hurra-Rufen. Mit Hurra stürmen die Leute, welche bisher im Hausflur gestanden, ebenfalls hinaus. Die alte Frau sagt mehrmals fragend. Vater, Vater, was is denn mit dir? *Das ununterbrochene Hurra-Rufen entfernt sich mehr und mehr. Plötzlich und hastig kommt Mielchen ins Zimmer gerannt*.

Mielchen. Großvaterle, Großvaterle, se treiben de Soldaten zum Dorfe naus, se haben Dittrichens Haus gestirmt, se machen's aso als wie drieben bei Dreißigern. Großvaterle!? *Das Kind erschrickt, wird aufmerksam, steckt den Finger in den Mund und tritt vorsichtig dem Toten näher*. Großvaterle!?

Mutter Hilse. Nu mach ock, Mann, und sprich a Wort, 's kann een'n ja orntlich angst werd'n.